大人の修学旅行「モンゴル騎馬隊結成&モンゴル人シャーマンに会いに行く旅！」

大人の修学旅行「内モンゴル騎馬遠征隊」の旅。
草原でくつろぐモンゴル人乗馬ガイド

上／フジTV「世界の絶景100選」第1位に選ばれた、ミクロネシア連邦の無人島ジープ島「地球探検隊」貸切の旅

下／ジープ島からボートでサンドパラダイスに向かう途中にある島。この島は、干潮の時だけ姿を現す白い砂の名も無き島。娘が父に旅をプレゼントした親子参加もあった忘れられない旅

上／アフリカのジンバブエ共和国とザンビア共和国の国境に位置する世界3大瀑布の「ヴィクトリアの滝」。スリル満点な小型ヘリコプターでパノラマフライト

中／アフリカ・ボツワナ北部。木をくりぬいた小さな舟のモコロに乗って、オカバンゴ湿地帯の中を散策し、野生地でキャンプ

下／アフリカ・ナミビアに位置するナビブ砂漠。北はアンゴラとの国境付近から南は南アフリカ共和国北端にまで及ぶ

上／大人の修学旅行「モンゴル騎馬隊結成」の旅。ゲルのあるツーリストキャンプに向かう途中に鷹や鷲と写真が撮れる場所がある

下／南米ペルー・レイヤーズトレック最高標高地点4,800mで旅仲間と

大人の修学旅行「内モンゴル騎馬遠征隊」。
デール（モンゴル民族衣装）を着る俺

大人の修学旅行「モンゴル騎馬隊結成」の旅。

ツーリストキャンプは奇岩に囲まれている。早朝、朝日を見るため高所恐怖症なのに登る俺

大人の修学旅行「内モンゴル騎馬遠征隊」。
先導するモンゴル人に、ゆっくりついていく隊員たち。左から4番目が俺

上：大人の修学旅行。アメリカ西部モニュメントバレーをあとにし、グランドキャニオンに向かう。ここは映画「フォレストガンプ」の撮影に使われたため、通称「フォレストガンプロード」

中央右：アフリカ大陸最高峰キリマンジャロ5,895mウフルピークに登頂した俺

中央左：アフリカ大陸最高峰キリマンジャロ2,720mにある最初の山小屋マンダラハット

下左：「アラスカ・オーローラを待ちながらマウンテンムースロッジで過ごす旅」。「地球探検隊」で貸切にしたマウンテンムースロッジ前にて。マイナス40度を体験する

わたしの旅ブックス
022

ようこそドラマチックジャーニーへ

中村伸一

産業編集センター

俺の「生きた証」が、
この一冊に詰まっている。

「死」を考えることは、
「生」を考えること。
悔いのない人生を考えること。
そのために、「旅」を選んだんだ。

「中村隊長」こと中村伸一

プロローグ prologue

２０１８年10月、22年間経営してきた会社をたたんだ。

〝会社＝自分〟と考えていた俺は、
「情熱を傾けていた会社が倒産し、自己破産したら、俺の存在証明がなくなる。俺が俺でなくなったら、死んだも同然、人生終わりだ。死ぬしかないのか……」
そう思っていた。

思いとどまれたのは、21歳と19歳の娘の存在だった。「ママが病死、パパ自殺」ってなったら、娘たちのこれからの人生はどうなる。２人の娘の親として、そんな無責任なことはできない。

逆に、「失敗して倒れたあとに、どう生きていくのか。『これがパパの生きざまだ！』と娘に誇れる生き方をしよう」と自分を鼓舞した。

ずっとチャレンジする父の姿を見てきた娘たちが、「パパは何があっても大丈夫！」と言ってくれた。

さらに、仲間たちの言葉に背中を押された。

「会社がなくなっても、隊長は隊長だよ。隊長が20年以上かけて創り上げてきた〝旅〟と〝絆〟は何も変わらないよ」

俺の未来を信じてくれた今の妻と娘たち、そして仲間の言葉で会社をたたむ決断をした。

破産申立ての手続きが始まると、破産管財人に驚かれた。

「いろいろな旅行会社の倒産を見てきましたが、これだけお客さんに迷惑をかけてない倒産も珍しい。最大の債権者は社長個人ですね。よくここまでがんばりましたね」

会社と個人の通帳を見ながら、管財人はそう言うと法人と個人のクレジットカードにハサミを入れた。予定していたツアーの催行を中止し、直近のお客様からの申込金やイベント費用などの預り金を払い戻すと、会社の通帳の残高は124円になっていた。会社と個人の通帳残高は、すべて合わせても3000円未満。文字通り一文無しになった。

会社、自宅のマンション、車、貯金……すべてを失ったら、自分を重く縛っていたものがなくなり、心は軽く自由になって、精神的なゆとりが生まれた。

破産前に考えていた心配事は一切起こらなかった。思い込みと執着を手放した途端、すべての束縛から解き放たれ、思いもしなかった新たな世界が広がっていた。

がんじがらめで動けなくしていたのは自分自身だったのだ。

何もかも失うと「朝目覚めて、生きてるだけで幸せ」って感覚になった。

「幸せの沸点」が下がったのだ。

だから、何をしていても幸せを感じる。そして、ないものではなくて、あるものにフォーカスできるようになった。「何もかも失ったと思ったら、今の俺には、こんなにも大切なものがある」って思えるようになった。本当に大切な人とモノに囲まれていることに気づけたのだ。

破産した翌月2018年11月から2019年3月まで、ガテン系の派遣の仕事で肉体労働に励み心身ともに鍛え上げた。4月、3度目の結婚をし、5月に3冊目の本を出版した。6月に25年ぶりの引越し、そして10月、新たな生命を授かった。3人目の子供、しかも念願の息子だ。

病気で亡くなった2人目の妻との間には、21歳の長女、未空（みく）と19歳の次女、七海（なつみ）がいる。何より嬉しかったのは、娘たちが歳の離れた腹違いの弟の誕生を一緒に喜んでくれたこと。娘たちにとって弟というより息子に近い。

息子、颯馬（ふうま）が20歳になる頃、俺は78歳。

そう、俺は今、58歳。20代の頃、「58歳なんて、ジジィだ」と思っていたが、実際にその歳になってみると、「まだまだ若い、ひよっこだ」と感じている。この歳になって、本当の豊かさと自由を手に入れた。これから、やりたいことも山ほどある。何をやるのか、何をしでかすのか自分でも楽しみなくらいだ。

「人生100年時代、これから、どんな旅をするんだ？」

もう一人の自分が問いかける。

旅――今の自分があるのは、すべて旅のおかげだ。

旅で学び、旅で生かされ、旅で泣いて、旅で笑って、旅で裏切られ、旅で愛され、旅に教えられ、旅に苦しみ、旅に喜び、旅で怒り、旅で考え、旅で歌い、旅でつながり、旅で傷つき、旅で鍛えられ、旅で明日を見つけた。

俺にとって、旅は人生であり、希望であり、夢だ。旅を通して出会った人のおかげで、退屈とは無縁の人生を歩んできた。その歩みは、自分の想像や期待をはるかに超えておもしろい。

「人生、人を感動させて、人におもしろがってもらって、なんぼ」だと思っている。

俺は旅の力を信じてる。マイナスをプラスに、すべてをゼロに、ドラマチックにリセットする力がある。人生を変える決断をする時、一歩踏み出す勇気を授けてくれる。そっと背中を押して、前に進む力を与えてくれる。

人生で大切なことは、すべて旅で学んだ。58歳の俺の人生、全部「旅」でできているって言っても過言ではない。

これから、そんな俺の旅の話をしようと思う。

「そんなの聞いてらんねぇ」って思ったら、ページを閉じてくれ。ただ、あなたが今の自分を変えたい、これからの毎日を楽しく、おもしろくしたいって思っているなら、少しだけ俺に時間をくれないか。

ようこそ！　ドラマチックジャーニーの世界へ！

ようこそドラマチックジャーニーへ　目次

Shout 1

旅をするために俺は生かされている！

I am Alive To Dramatic Journey.

「ひとつだけ、俺にも分かってることはあるよ」

「…………」

「迷ったときはよ、ロッケンロールな道を行くとおもしれえぞ」

「ロッケンロール？」

「ようするによ」

「いつも、わくわくする方の道を行くんだよ」

森沢明夫
『虹の岬の喫茶店』より

おまえは一体誰？　何者？

俺のことを知らない人はそう思っているよね。

還暦近くになって自分のことを「俺」と言ってるイケてないオッサン？

そうかもしれない。

でも「自分が何者かは自分で決める！」。

これは映画『ボヘミアン・ラプソディ』で主人公のフレディ・マーキュリーのセリフなんだけど、ひどく気に入っている。

酸いも甘いもさまざまな経験をして、今、俺もはっきり言える。

会社がなくなっても、派遣やバイト、育児や家事をしていても、どこで何をしていても
俺は「中村隊長」なのだ。

まず、なぜ俺が「隊長」と呼ばれているのか、その辺の話から聞いてもらおうか。

すっげえ、おもしろそう！　その一言で就職が決定

振り返ってみれば、これまで俺は「旅」に導かれて生きてきたような気がする。大学受験に失敗して何気ない気持ちで入学したのが「日本観光専門学校」だった。志望した理由は学校パンフレットに載っていた言葉。

――ヨーロッパ研修ツアーあり

――単位に換算されます

それを見て思った。

「ヨーロッパに行けて単位がもらえるんだ。もう、ここ！　ここに決まり」

まあ、ほんとに単純というか、世間知らずというか（笑）……ただ、あの時からやっぱり旅へのあこがれ、旅への興味はあったことがわかる。

ほとんど勉強らしい勉強はしなかった。生徒会長にまつりあげられて、みんなの先頭を切って遊びまくっていた。

当然のことながら就職活動はうまくいかなかった。学校の歴代の生徒会長はみんな安定

した名の通った企業に就職していて、自分もそういう会社に就職しなければならないような周りからの圧があったのを覚えている。

別にこだわりを捨てれば、就職できる会社はいくつかあったと思う。

ただ、ひとつだけどうしてもゆずれないことがあった。

それは、「おもしろい」と感じられるかどうか。それが自分にとっての絶対条件だった。

面接の時に「貴社はどんな旅を扱っているんですか?」と聞きまくった。

その中である会社が「キャンピングキャラバンといって、世界中の若者とキャンプ・テント泊をしながらアメリカを横断するツアーをやっている」と教えてくれた。

――何それ!　すっげえおもしろそう!!

思わず「おもしろそうですね〜」とリアクションしてしまった。

この一言で採用決定。晴れて社員となった。

そしてここから、俺と旅との長い物語が始まったのだ。

人生最悪の時、リセットするために海外放浪へ

俺がおもしろいと感じた会社はたしかにおもしろすぎた。なにしろ、入社半年後にその当時の上司だった人と二人で独立しろ、と言う。なんてことはない、テイのいいクビだよね。しょうがないからその上司と一緒に会社をつくった。たった二人で旅行会社をすることになった。

あの頃の会社というのは変な余裕があった。資金もなく厳しい経営状態なのに、社長は「旅行を売っていくためには自分も旅の経験がなくちゃいけない」と言ってくれて、香港やアメリカへ俺を行かせてくれた。その時、初めて一人旅をした。

——旅って、おもしれぇ！

俺の中に、「旅」がズンと入り込んだ、そんな経験だった。

それからはもう懸命に働いたね。しゃにむに仕事をこなしていった。

ただ、私生活ではその時期、しんどい思いをした。

会社に入社した2年後の23歳の時に結婚。いわゆる「できちゃった婚」だったのだが、

死産してしまう。それが原因で翌年には離婚。自分の妻を幸せにできなかったという不甲斐なさに自分を責めた。同じ時期に親父とお袋が離婚、妹も離婚。どん底だったね。

それから約1年後、俺は会社を辞めて海外放浪の旅に出た。いろいろなことをリセットしたいという思いもあったし、この時期にどうしても広い世界を見てみたい衝動にかられた。長期の旅をするなら今しかない、自分の直感に従ってみたかったのだ。

25歳と10カ月。いつ戻るとはわからぬ海外の旅へ旅立った。

見つけてしまった！〝旅を創る〟という仕事

北欧のデンマークから始まり、ヨーロッパを旅して1カ月半たったころ、俺はオーストリアのウィーンにいた。ウィーン国立劇場で「オペレッタ」を見ようと劇場の前に並んでいたところ、後ろから声をかけられた。

「中村さん？」

驚いて振り向くと、うちの会社のツアーに参加したことのあるお客様だった。

「え、もしかして、会社を辞めちゃったんですか？」

俺が会社を辞めたとわかると、彼女は参加したツアーのことを思い出を振り返るように話してくれた。

「これまでの人生で、あんなに泣き笑いした2週間はなかったわ。日本人が誰もいない中で、うまく自分のことが伝えられずに何度も悔しい思いをした。だけど、少しずつ伝えられるようになり、仲間との心のつながりもできていった時の嬉しさと言ったら……もう悔し涙と嬉し涙をどれだけ流したことか。元気をたくさんもらいました。ほんとうに、ありがとうございました。これからも私のように日本人を元気にして、日本を元気にしてくださいよ」

——こんな俺でも、人の役に立っているんだ。

なんか無性に嬉しかった。忘れかけていた自分の居場所、役割を思い出した。

——旅で人と人をつないで、一人でも多くの人に元気を与えて、日本を元気にしたい！

それまで、モヤっとしていた自分と旅の関係がはっきりした瞬間だった。

そこから〝旅を創る〟という自分のライフワークが始まったのだ。

34歳で独立！「地球探検隊」誕生

放浪の旅のあと、また元の会社に復帰した俺は猛烈に働いた。会社の売り上げアップにも貢献し、ユニークなツアーを販売していたことで注目を集め「行列のできる旅行代理店」としてマスコミをはじめ各方面から注目を集めるようになった。

当時、会社では、海外留学の手続き代行を中心に、ボランティア、ワーキングホリデー、留学、ホームスティ、現地発着ツアーなど「海外で働く、海外で学ぶ、海外で遊ぶ」をテーマにさまざまな国際体験プログラムを扱っていた。

その中で俺が担当していたのが「海外で遊ぶ」現地発着ツアーで、お客様から人気が高かったのもこの商品だった。何より、俺自身このツアーが一番〝面白い〟と感じていた。だから、このツアーをさらに深めて、一人でも多くの人に参加してもらい、多くの人たちをつなげて、日本を元気にしたいという思いが日に日に強くなっていった。

そして、その思いがはちきれんばかりになって、俺は独立した。１９９６年、34歳の時だった。

新しい会社の名前は「探検家」という意味の英語「エクスプローラ」とし、副商号を「地球探検隊」とした。そして、旅行に参加した人を「お客様」ではなく「隊員」と呼ぶことにした。

お客様を隊員と呼ぶことにすると同時に、その隊員たちとは一生付き合うと決めた。アメリカトレックツアーに参加して強く思ったのは、旅は帰ってきたら終わりではない、ということだ。手配して終わり、申し込んで終わり、という旅行会社が多い中で、地球探検隊は、「旅が終わってから始まる旅」をコンセプトのひとつに掲げた。隊員と一生付き合う関係を築きたいと思ったのだ。

いつのまにか俺も「社長」ではなく「隊長」と呼ばれるようになった。あれから20数年、今では99%の友人、知人が俺のことを「隊長」と呼んでいる。

ちなみに初対面でも、「中村さん」と呼ばれるよりも、「中村隊長」って呼ばれる方が好きだ。

22年間旅を創り続けた会社を手放しゼロリセット

１９９６年に設立した会社を２０１８年にたたむまで、約22年間「地球探検隊」は旅を創り続けた。正確な数字はわからないが、数千の旅を創り、隊員たちとともに旅してきた。それはひとつとして同じものはない、オンリーワンの旅だった。隊員の数は最盛期３万人まで伸びた。

ツアー商品としては、前の会社から引き継いだ「多国籍ツアー」と２００１年にスタートした「大人の修学旅行」シリーズを扱っていた。特に大人の修学旅行シリーズは大ヒットして、俺は「旅行業界の異端児」としてマスコミにとりあげられた。「旅のカリスマ」なんて持ち上げられて、チヤホヤされた時期もあった。人が群がって来る感覚も味わった。

そして２０１８年10月、22年間経営してきた会社を手放しゼロリセットした。

会社がなくなるまでの1年間、人に騙され、傷つき、傷つけ、裏切られ、裏切って、会社も俺個人のお金も底をつき、何もかもうまくいかなくなって、人がどんどん離れていった。裏切るつもりはないのに、結果、裏切った感じになり、信用、信頼を失ったこともあった。

それが辛くて、「死んだほうがましだ!」ってアタマに「死」がよぎった時、俺を信じてくれる娘がいた。そして、いつもそばには今の妻の美香がいた。会社がつぶれる最後の1日まで、2年間もボランティアスタッフをやってくれて、会社と俺を支えてくれたのだ。彼女は戦友だった。そのとき、はっきりとわかった。自分のことを深く理解してくれる人が一人でもいれば、人は死ぬことはないと。

だから、俺は一人でも多くの人が、人に優しく、心のバリアをなくし、国境や国籍や性別さえも超えて、誰とでもオープンマインドで付き合い、心通い合う友と出会うために、これからも「旅」を一緒に創りあげ、人と人をつなげていきたい。

ずっと自分の殻に閉じこもっていたら、人生を変える素敵な人と出会えない。

ブルース・リーじゃないけど、必要なのは、「考えるな、感じろ!」だよ。

年表：俺の仕事と家庭、主な出来事

仕事	
1983年4月	21歳、旅行会社の国際体験プログラム部門で留学、ホームステイ、オーペア、ワークキャンプ、多国籍ツアーを手配・斡旋をする。入社半年で会社設立スタッフとして、上司と2人で独立・起業し、1996年2月まで13年間勤めた。
1987年11月	25歳、会社を辞めて、3ヵ月間の海外放浪の旅（ヨーロッパ、北アフリカ20ヵ国）に出る。後に復職。
1996年3月	34歳、旅で日本を元気にする、「日本で唯一旅行を売らない旅行会社」株式会社エクスプローラを創業。現地集合解散、世界の仲間と旅する「多国籍ツアー」のみ販売。ブランド名を「地球探検隊」とする。創業すぐに年商一億円突破。
2001年12月	40歳、9・11米国同時多発テロをきっかけに、「NYカウントダウン」が生まれ、「大人の修学旅行」シリーズをスタートさせ、大ヒット。
2006年4月	『感動を売る！「人とお金」が集まる仕事術』（ナツメ社）出版デビュー。
2008年4月	2冊目の著書、『感動が共感に変わる！』（こう書房）出版。

2011年6月	3月11日　東日本大震災発生後、「地球探検隊」15周年を機に「旅するカフェバー」を東京・新宿にオープン。
2013年6月	旅客スタッフ、カフェバースタッフ全員から「退職宣言」。
2016年1月	飲食業に参入して5年、カフェバー閉店。
2016年3月	旅オフィス移転。「地球探検隊」20周年パーティー2日間開催、大盛況！
2016年8月	会社始まって以来の大きな事故で1ヵ月現地滞在、回復した隊員と一緒に帰国。
2017年2月	突然、唯一のスタッフが退社、以後ボランティアスタッフと運営。
2018年10月	(株)エクスプローラ倒産、旅行業「旅学・旅育」22年6カ月の歴史に幕！
2019年1月	学校では教えない「教育」をテーマに、「地球探検隊」中村隊長として講演、執筆活動で「ROCKに生きるフリーランス」として、ゼロスタート。『My Life Story』（自主制作小冊子）イベントで販売開始！
2019年5月	3冊目の著書、『引っぱらないリーダーが強いチームをつくる』（現代書林）出版。
2019年8月	FMヨコハマ、小山薫堂、柳井麻希の20年の長寿番組、生出演を機に4冊目の出版決定（それが、この本）！

2019年10月	友人に誘われ、新規事業「未来を創る旅社（ミラタビ）」始動！
	「生きる力」を育む旅やイベントの企画、講演、コンサル、著名人の友人との動画撮影・配信などを行う。テーマは「生きる上で大切なチカラとは？　次世代に残したいミライへの伝言とは？」
2020年1月	ボイスメディアVoicy「中村隊長Radio Go!」ラジオトーク配信開始！

家庭	
1985年6月	23歳、結婚（「できちゃった婚」）。
1986年3月	死産が原因で離婚。「バツイチ」となる。
1994年4月	32歳、再婚。
1998年12月	長女、未空（みく）誕生。自宅で取り上げる。
2000年7月	次女、七海（なつみ）誕生。二児の父になる。
2016年2月	22年連れ添った妻、礼子と死別。父子家庭になる。

2018年1月	高2の次女、七海が入院。生死を彷徨う。
2018年4月	次女、七海、退院。回復に向かう。
2018年10月	56歳、会社倒産に伴い自己破産。
2019年4月	平成最後のサプライズ！　婚約発表！　そして父になる！
	婚約発表後すぐに、CRAZY WEDDING・山川咲の計らいで結婚指輪もない無料の結婚式を挙げる。
2019年6月	令和元年、25年ぶりの引越で埼玉県越谷市から横浜市在住となる。
2019年9月	9月11日、57歳。3人目の妻、美香と入籍、再々婚（「授かり婚」）。
2019年10月	10月23日、3人目の子供、長男、颯馬（ふうま）誕生。
2019年12月	12月17日、58歳になった……。

Shout 2

俺が創った ドラマチックジャーニーとは？

I Have Created Many Dramatic Journey.

「生きる」を全身の細胞レベルで感じる
ドラマチックジャーニーは、
些細な日常をドラマチックに変える。
人生を変える旅に出よう！
「今」を生きよう！！！
あなただけの「ＬＩＦＥ」をつくっていこう。

「中村隊長」こと中村伸一

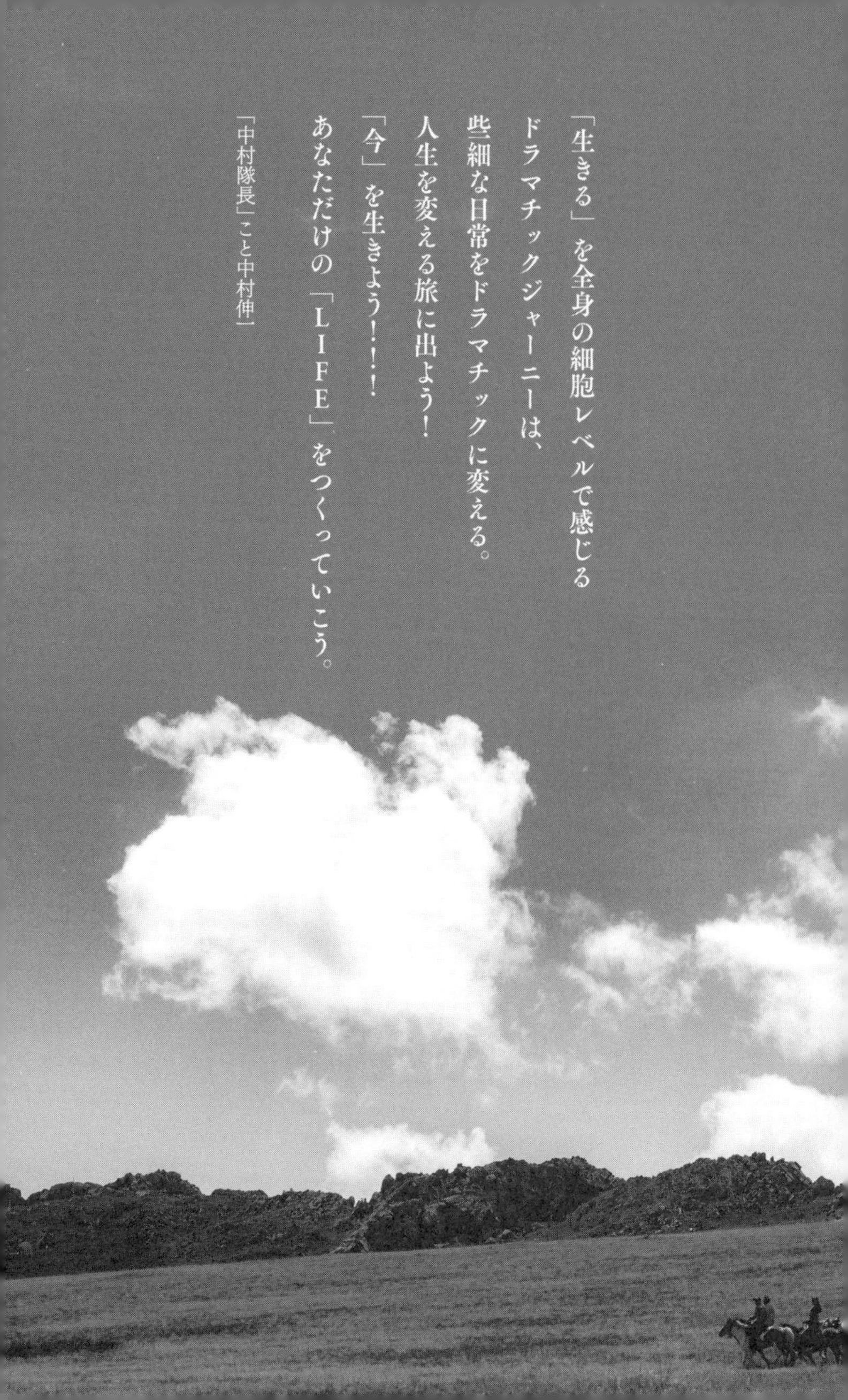

「旅行」と「旅」、どっちがワクワクする?

振り返れば、40年近く旅を生業にしてきた。自分が創った旅に自ら参加して世界中を飛び回ってきた。行った国は70カ国以上。旅の数、出会った隊員たちの数は数えきれない。

そんな俺にとって、「旅」とは?

「旅行」と比べるとそれはわかりやすいかもしれない。

「旅行」は受動的で「旅」は能動的なもの。

「旅行」は誰かに連れて行ってもらうもので、

「旅」は自分で考え判断し行動するもの。

「旅行」はあらかじめ旅程が決まっているもので、

「旅」の旅程は自分で決めていくもの、仲間と一緒に創っていくもの。

「旅行」は予定調和で「旅」は予定不調和なもの。

「旅」には詳細な計画はなく、ロマンと情熱と愛がある。

「旅行」と「旅」どちらがワクワクする？

俺は断然、「旅」。「行き当たりばったり」じゃなくて、偶然の出来事をどう捉え、どう対応するかを瞬時に考え、ベストを尽くす「行き当たりバッチシ」なのが「旅」だよ。人生も同じ。未来がすべてわかってしまったら、つまらない。次に何が起こるかわからないから、ワクワクするんだよね？

すべて思いどおりになったら、飽きてしまう。簡単に手に入るものに価値はない。できそうなことばかりやっていたら自信なんてつかない。「できるかどうかわからないけど、やったらできた！」って癖になるほどチャレンジしたほうがいい。挑戦や失敗がなくなれば、そこに学びも成長もない。

人生に例えれば一目瞭然のことが、なぜ、「旅行」では相も変わらず同じことが繰り返されているのか、俺にはわからない。人は期待以上のことが起きた時、感動するのだ。サプライズのない「旅行」なんておもしろくない。

だから俺は思う。

旅も人生もドラマチックじゃなければ、おもしろくない。ドラマチックじゃなければ、少しも成長することなんてできないんだ。

イナズマに打たれたような衝撃、俺の旅の原点

俺は20代前半まで、自分で考え、判断し、行動する「一人旅」こそが旅の完成形で、これ以上の旅のスタイルはないと思っていた。グループツアーを避け、一人旅ばかりしていた。

29歳の時、当時の社長から言われた。「休みだけあげるから、自腹切ってツアーに参加してこない？」。実は、それまで自分が売っていた「トレックアメリカツアー」に参加したことがなかったのだ。

アメリカ西海岸をめぐる9日間の現地発着ツアー。現地発着ツアーとは文字通り現地集合、現地解散の旅だ。現地までの航空券は別途用意しなければならない。欧米では当たり前のツアーだったが、当時の日本ではあまり知られていなかった。ロサンゼルス発、サン

フランシスコ着。俺は迷わず、航空券を予約してツアーに参加した。

「こんな旅があったのか？」と衝撃を受けた。

俺が参加したトレックアメリカツアーは、ヨーロッパを中心に世界7カ国（イギリス、ドイツ、スイス、スウェーデン、オーストラリア、イスラエル、日本）からツアー客が集まっていた。そんなメンバーたちと寝食をともにする毎日の中で、さまざまな問いを突きつけられたのも初めての経験だった。

「日本はどう？　あなたはどう？」

「日本では、ガソリン1ガロンはいくら？」

「どうして結婚しないの？」

俺はほとんど答えられなかった。落ち込んだね。まったくできない英語力のせいもあったが、それよりも、自分には答えがないことに気づいたのだ。

歓談している時、意思の疎通がうまくいかない時、つねに「お前は何者か？」と問われている感じだった。一人旅の時より、自分と真正面から向き合い、無知やもろさに気づかされる毎日だった。これほど自分を日本人と意識したこともなかった。

そして終始共に旅をして、同じ釜の飯を食い、感動を共に分かち合った世界各国の仲間たちとの間に、いつのまにか絆ができあがっていた。

一人旅で感じていたどこか物足りない気持ちが、心の底から満たされていくのを感じた。もしかしたら、俺が求めていたのはこれだったのか。

トレックアメリカツアーは「グループツアー」という概念をぶっ壊してくれた。集団でありながらマイペースで旅を続けられる。しかし、ありとあらゆることに人間力を使わないと楽しめないことがわかった。いろんな人と関わり、仲間意識が芽生えれば芽生えるほど、自分以外の人の喜びが自分にも同じように返ってくる。グループ旅行以外では得られないものだと感じた。

この体験は予想以上に大きいものだった。それまで俺は、旅の目的はどこかへ行って何かを見るかだと思っていたが、旅の醍醐味は誰と一緒に何ができるかを体験することなのだと感じた。

参加者をゲスト扱いしないツアーリーダー

ツアーリーダーにも驚いた。誰よりも率先してリーダーが旅を楽しんでいた。最初は、「おい、それでも仕事かよ。お前が一番楽しんでて、いいのかよ?」って、思っていた俺も、毎日テンションの変わらないツアーリーダーにだんだんと気持ちが引っぱられているのに気づいた。「好きのオーラ」全開の人が傍にいることで、楽しさが伝染するのだ。徹底的に「参加者は楽しんでいるか?」を最優先に、参加者を信じて見守り、自らも率先して楽しんでいるのだ。こんなリーダーの在り方は、日本ではない。

たとえば、日本なら「言う前に察しろよ!」なんて参加者の言い分が通用しても、逆に、「言わなきゃわからないでしょ? エスパーじゃないんだから心なんて読めないよ。自分の思いは英語ができる、できないにかかわらず、きちんと伝えて問題はその場で解決してね」と、ツアーリーダーに叱られるのだ。

日本人的な曖昧な、「どっちでもいい」なんて答えは通用しない。「おまえは、どう思う?」と常に問われ、シロクロはっきりつけるのが欧米流だ。日本はグレーゾーンのジャンケンのあいこの文化だからこそ、争いが少ないと言われているが、ここは郷に入っては郷に従えなのだ。

そして、日本のように参加者をゲスト扱いしない。一人の大人として区別も差別もなくフラットに扱っている。

日本の場合、パッケージツアーの添乗員が最優先するのは、いかに旅程通りにスムーズにトラブルなく安全で安心に旅行を終わらせるか。添乗員が「旅程管理者」と言われる所以だ。スムーズに旅程をこなすために、経験値のある添乗員は「こうしたほうが良い」と、アドバイスする。「すべては参加者の安心と安全のために」。みんなやっているし、俺も添乗員をやっていた時は、そうしていた。

でもそうすると、参加者は思考停止の指示待ち状態になる。何も起こらない完璧な旅行なんて味気ないし、おもしろくないと思わない？

旅も人生も、答えは自分の心の中にある。

いつも添乗員任せで、誰かに頼りっぱなしの「旅行」なんておもしろくない。「安全・安心」を最優先するとおもしろくなくなる。だからトレックアメリカのツアーリーダーは、参加者の潜在能力を引き出すために多少時間がかかっても、信じてジッと待って、見守っているのだ。これは、特に日本人の参加者にはすぐに理解されないかもしれないが、ツアーリーダーは自分が嫌われることを恐れずに「すべては参加者の歓喜のために」を実践し続けているのだ。

俺がこれまで創った旅

トレックアメリカツアーへの参加は、自分が抱いていたツアーの概念をぶっ壊し、自分の旅への考え方を大きく変えてくれた経験だった。同時に、もっと多くの日本人にこのツアーを体験してほしい、紹介したいと心から思った。

そんな思いを胸に、俺がこれまで世に送り出した旅が『多国籍ツアー』と『大人の修学旅行』だ。

『多国籍ツアー』とは、トレックアメリカ社のトレックアメリカツアーを日本で販売するときに俺が名付けたツアーだ。現地集合・現地解散型の旅で、移動手段は専用バンや現地の交通手段。たとえばローカルバス、列車、時には自転車や竹で作った筏で川を下ったり、象に乗ったり、歩いたりして旅をする。観光よりも体験を重視するアドベンチャーツアーだ。参加者は、世界中の代理店経由で集まった人たちで単独で参加する人が多いから10人程度の少人数でも多国籍となる。だから、『多国籍ツアー』なのだ。

見ず知らずの外国人といきなりチームを組んで旅をするから共通言語は英語となる。自己紹介から大概の日本人はたどたどしい。日本語をわかる人はツアーリーダーを含めて一人もいないことが多い。そんなOut of comfort zoneな世界に日本人を一人ずつ送り出した。一歩踏み出せない人の背中を押し続けるのが仕事だった。

――居心地がいい場所に、ずっといると、いつの間にかそこはぬるま湯になる。これがcomfort zone。だから、時には、その心の安心・安全領域から飛び出そうよ。

「帰る場所」も必要だけど、「行く場所」も必要。これがOut of comfort zone。海外ではAdventureと同じく、「冒険」って意味に使われている。初めての局面に上手く動けないカッコ悪い自分に悔し涙を流すかもしれない。でも、そのカッコ悪い自分も認めようよ。そこに学びと成長がある。初めてやることは、失敗するのが当たり前だよ。失敗を恐れて何もしないより、失敗しても、チャレンジした自分自身を褒めようよ。――そんなことに気付ける旅だ。

この『多国籍ツアー』に、37年も関わることになるとは思いもしなかった。トレックアメリカからは、「世界で最も古い代理店の一つ」と言われていた。トレックアメリカの社長を含めて経営陣が何度か入れ替わり、いつの間にかトレックアメリカ本社の誰よりも、俺のほうがトレックアメリカを取り扱う年数が多くなっていた。

このツアーが世界の仲間と旅するツアーである。海外の場合は、海外の旅行会社が主催する枠の中で、「地球探険隊」らしい旅を参加者と一緒に創っていく。国内の場合は、「地球探険隊」が主催するオリジナルブランドの旅となる。

どちらも体験するというより、体感する旅である。そして、参加者とフラットな関係をつくり、その感情を共有すること、精神的報酬という共通の利益を得ることを目的とした旅である。

『多国籍ツアー』に参加して、俺がいいと思ったエッセンスを盛り込んで創ったのが『大人の修学旅行』のコンセプトだ。同時に、これは「地球探検隊」のコンセプトともいえるかもしれない。

このコンセプトの「旅」を「人生」と置き換えてもいい。

俺が理想とする旅も生き方も、ここにある。

俺にとって旅は人生そのものだからだ。

《「地球探検隊」のコンセプト25カ条》

1. 連れて行かれる「旅行」ではなくて、主体的・自主的な自己責任の伴う「旅」。
2. 環境や誰かのせいにしない旅。
3. スタッフは添乗員でもガイドでも通訳でもなく、仲間として参加する旅。
4. 最も大切にしているのは「感情共有」、隊員たちと共に感動する旅。
5. 次に何が起こるかわからない旅。

6. 参加者が互いに尊重し、信頼し、協調性のある旅。
7. 個人の能力を引き出す、達成感のある旅。
8. 思いっきり笑えて泣ける、カッコつけない、素の自分を出せる旅。
9. ありのままを受け入れ、肯定する旅。
10. 共通の意識、危機感を持った旅。
11. 参加者が創り上げていく旅。
12. 人の話をよく聴き、よく語る旅。
13. 本当に大切なことを探す旅。
14. 気づきのある成長できる旅。
15. 感性を磨き、小さなことにも感動できる旅。
16. 生涯の友に出会える旅。
17. 童心にかえる旅。
18. 人生を変えるきっかけとなる旅。
19. 夢を実現できる旅。

20. 人生の師を見つける旅。
21. 本当の自分を見つける旅。
22. 日本人として誇りに思える旅。
23. 友達に自慢したくなる旅。
24. 旅が終わってから、始まる旅。
25. あなたの日常を変える旅。

繰り返しになるけど、地球探検隊の最終目標は「日本を元気にすること」。それは今も変わっていない。

旅をきっかけに隊員同士につながりができて、「地球探検隊を知ってよかった。あなたと出会えてよかった」とお互いに感謝する関係が生まれてくることが日本を元気にすると思う。

人と人が出会う場をどんどんつくっていきたい。人と人が出会い「人と人のつながりはいいね！」と思える絆をたくさんつくっていきたい。

これは、これからの俺の人生を賭けて本気で決めたことだ。

俺は思っている。本気で決めたことからすべては始まると。そして、本気で決めたらあきらめない！　あきらめた段階で全部終わってしまう。

本気で決めたことを肯定し続けていけば、あきらめたりしないはずだ。決めること、そしてそれ以上に決めたことを肯定して生きていくことが大切なんだ。

※俺のことをもっと知ってもらうための動画。ぜひご覧ください。
・表紙カバーにも使われている「内モンゴル遠征隊」の動画。
https://youtu.be/GQmVgWj9Kfc
・57歳目前のある日、ミット打ちをする俺。
https://youtu.be/8Hg6_JmyaMk

Shout 3

人生を変える旅
それが
ドラマチックジャーニーだ

Dramatic Journey Change Your Life.

誰の人生にも、常に壁がある。
乗り越えても、また壁がある。
それはゴールのないマラソンのように続いていく。
人生の選択の中で、
ラクなほうへ選択する癖がつくと味気ないものになる。
困難な道を敢えて選択して問題に挑む姿勢が習慣になれば、
結果はどうあれ、
人生は開かれ、世界も広がっていく。
すなわち、人生の密度が濃くなるのだ。
それが後悔のない人生につながっていくのだと思う。

「中村隊長」こと中村伸一

ここで、「地球探検隊」原点の旅、トレックアメリカ（多国籍ツアー）の参加がきっかけで人生が変わった若者たちを紹介したい。

比較的最近に参加した隊員コーダイ、シンゴ、ゲンタ、それに20年以上前に参加した隊員あっきー、元スタッフのテッシの5人だ。彼らには共通点がある。初めてトレックアメリカに参加したのが、全員19歳だったことだ。

まずは、シンゴとゲンタがトレックアメリカに参加するきっかけをつくったコーダイから紹介したい。2人とも、コーダイが作ったムービー（注）を見て、トレックアメリカツアーに参加したのだ。

※……22万回超のコーダイのムービー「19歳アメリカ一人旅!:with GoPro!!」(https://youtu.be/_y0OhlnT7Dk)

隊員コーダイのDramatic Journey

「笑えないほどピンチ！」と思っていたことが、「大したことなさすぎて笑える」ようになった。

〈なぜツアーに参加しようと思ったのか〉

小さな頃から親の影響もあり、海外、特にアメリカに憧れがありました。洋画が好きで、日本の映画以外は全部アメリカ映画だと思っていました（笑）。いつか行きたいと高校生の時から思い、大学生になったら行こうと決めていました。同世代の友達たちが19歳から20歳になりはじめた頃、自分の年齢が10代から20代に変わることに急にソワソワし、10代のうちに何か自分の人生にとってとんでもないことをしておきたくなりました。その突発的な考えと高校からの夢が合わさって買った『地球の歩き方～アメリカの国立公園』で、小さくて見過ごしてしまいそうなトレックアメリカの文字を見つけたんです。ネットで調べ、全部英語表記で絶望していた時に、唯一日本語で書かれた「地球探検隊」を見つけ、迷わず隊長に相談の電話を入れました。

〈旅の最中に感じたこと、考えたこと〉

言葉についてです。やっぱり最初は会話がスムーズに進まないことに自信を失くしていました。メンバーに「会話ができなくてごめん」と僕が伝えると「なんで謝るんだ？　謝ることじゃないよ。そんなことより俺はお前と話したいんだよ！」と言ってくれた友達がいました。その時、あぁ、こいつの言う〝話す〟って英語と英語で会話することじゃないんだなって少し気が楽になりました。それからは同じものを食べて笑い、同じ景色を見て教わった英語を叫んだり、日本語を教えてあげたり。英語で会話することより、限られた時間を共有してたくさん笑おう！　と思って過ごしました。

〈旅が終わってから、自分の中で変わったこと〉

トレックに参加するまで〝笑えないほどピンチだ！〟と思っていた生活のさまざまな危機的状況が、日本に帰ってきてしばらく経つと〝大したことなさすぎて笑える状況〟に変わっていることに気づきました。

それは自分が見てきたアメリカの広大な大地や現地の人の心の寛大さ。トレックに参加するまでの自分の努力や現地で悪戦苦闘した経験などと、無意識に比較しているからだと思いました。財布を落とそうが、終電を逃そうが、携帯の電池が切れようが、仕事がなくなろうが、あの時トレックで経験したトラブルの方がよっぽどやばかったなぁと……（笑）。そして、ちゃんと自分の力でアメリカから帰ってきたからこそ、「今回もコツコツやれば乗り越えられるだろう、あの時と同じように」と思えるようになりました。

トレックでの経験が火種になり、LOVE USA精神は年を重ねるごとに加速していく一方です。今は、アメリカに行って、一点一点自分の目で見て買い付けた古着や雑貨を自分の店で販売しています。古着を売りたい、という気持ちよりも古着を通してアメリカの空気や文化、歴史を伝えたい。そしてそれらを通して日本の良さも伝えていけたらなと思っています。

トレックに参加してアメリカのことがどんどん好きになっていく一方、同じくらい日本も好きになっていっています。小さい頃の「アメリカン」という言葉のイメージは、ハンバーガーだったり、バイク、タトゥーといった派手な感じでしたが、いろいろ現地のことを見たり、現地の人と触れ合えた今は、家族や友達を大切にすること、周りに流されず自分の信念を貫くこと、義理と人情を忘れず愛を持って人と接すること。そういったことが本当の「アメリカン」じゃないかなと思って生活しています。

アメリカはもちろん、海外にはまだ見たことのない景色や会ったことのない人であふれていて、自分がまだまだ人として小さいという自覚があります。トレックを通して知ることができた自分の強さを忘れずに、これからも視野と価値観の幅を広げていけたらなと思っています。

コーダイ

コーダイのように、英語に自信がないのに、英語だけの世界に、たった一人で乗り込むのは勇気のいることだ。でも、そこでのがんばりは、その後の人生に必ず役に立つ。なぜなら、自分の中で「がんばる」の〝基準値〟が変わるからだ。

想像できるだろうか？　リーダー含めて誰も日本語がわからない世界を。片言の英語で何日も異国で過ごすことを。「あの時、あそこまでがんばれたから、きっと今、目の前で起きている問題にも立ち向かえる。途中であきらめずに解決できる」と前のめりになれるのだ。

壁をかわしたり、乗り越えたりしていく中に学びと成長があり、自信が生まれる。誰の人生にも、常に壁がある。乗り越えても、また壁がある。それはゴールのないマラソンのように続いていく。

人生の選択の中で、ラクなほうへ選択する癖がつくと味気ないものになる。困難な道を敢えて選択して問題に挑む姿勢が習慣になれば、結果はどうあれ、人生は開かれ、世界も広がっていく。すなわち、人生の密度が濃くなるのだ。それが後悔のない人生につながっていくのだと思う。

WELCOME
TO Fabulous
LAS VEGAS
NEVADA

隊員シンゴのDramatic Journey

世界はこんなに広かったのか！いかに狭いところで生きていたかがわかった。

〈なぜツアーに参加しようと思ったのか〉

きっかけは、「アメリカ一人旅」で検索して出てきた動画を見て「これ楽しそう！」と思ったこと（その動画を作ったのはコーダイさん）。概要を見たけど、どうやって行くかが書いていなくて、必死にコメントを漁ってなんとか「地球探検隊」にたどり着きました。中学生の時から海外に憧れていたこともあり、そして海外といえばアメリカ！　という思いがあって、アメリカに行きたくなりました。学生のうちにでっかい世界を見たかったんです。

〈旅の最中に感じたこと、考えたこと〉

「言葉の壁」。皆が深い話をしているのはわかるが、その場で理解ができない悔しさでたまらなくテントで一人泣きました（笑）。ある程度英語ができるようになった今、メッセンジャーでの当時のやりとりを見返すと「ああ、あの時こんなこと話してたのか」と。正直、もっとアクションとれたと思っています。なんとか最後の最後に、不慣れな英語で全員の前でスピーチして、泣きながら折った鶴を渡した時の感動は忘れられないです。

〈旅が終わってから、自分の中で変わったこと〉

世界は広い！　いかに狭いところで生きていたかがわかりました。かけがえのない親友もできました。なにより、これからの人生、仕事でも、遊びでも、何でも、もっともっといろいろな世界を見たいと思うようになりました。

その思いが強過ぎて、昨年末で前職の美容師を辞めてしまったのですが、今は「場所と時間に縛られない仕事」ができるように、日々勉強しています。日本にはない壮大な景色、街、自然、文化にも触れたいんです。そして今、さまざまなテクノロジーで変わっていく世界に、僕は夢中になっています。旅は僕の人生の中心です。

シンゴ

DERAIL

YOSEMITE
NATIONAL
PARK

adidas

NATIONAL
PARK
SERVICE
GRAND CANYON

隊員ゲンタのDramatic Journey

もっとぶっ飛んだ大人になりたい！夢に対して正直に動けるようになった。

〈なぜツアーに参加しようと思ったのか〉

小さな頃から大きいものに惹かれていて、いつの間にかグランドキャニオンに行くことが自分の夢になっていた。何もかもが大きいアメリカは、自分にとって夢のような場所。ユーチューブで見つけた「アメリカ一人旅」の動画が、自分の夢にぴったり当てはまるイメージで何回も見ていた。そこで見つけた「地球探検隊」のイベントを通していろんな人の話を聞き、「行こう！」と決めました。

〈旅の最中に感じたこと、考えたこと〉

大変なことしかなかったです。自分の夢でもあったグランドキャニオンの風景すらほとんど覚えていません（笑）。強く印象に残っているのは、キャンプ中に食べた焦げた肉の味と強いアルコール。その時に聞いていた音楽。最後までジェンタと呼ばれていたことなどですかね（笑）。くだらないことに聞こえるかもしれないけど、俺にとっては最高の思い出になっています。

〈旅が終わってから、自分の中で変わったこと〉

旅が終わって一番に感じたのは、自分の周りにいる人が変わったことです。同じ旅を経験した親友、トレックのメンバー、地球探検隊のかっこいい大人、そして隊長とミカさん、憧れであり兄貴であるコーディ（コーダイ）、直樹さんなど刺激が強すぎる人たちに囲まれています。周りがぶっ飛んだことばかりしてるから、自分自身やりたいことや夢に対して正直に動けるようになりました。

トレックアメリカ以来、好きなこと、やりたいことがどんどん増えています。そして、海外で美容師をするという学生の頃からの夢が本場パリで実現しました。トレックアメリカのメンバーともずっとメッセージのやりとりをしていて約3年ぶりにロンドンで再会します。自分が生きる範囲がようやく日本を超え世界規模に変わってきていることをすごく実感しています！　英語がわからなかった中、トレックのリーダーが常に言っていた言葉「experiens（経験）」を今一番に考えています、とにかく今は固定的な考えにとらわれずにいろんなことを経験しまくって、歳を重ねるごとに、ぶっ飛んだ大人になろうと思っています！

ゲンタ

シンゴもゲンタも、参加のきっかけはコーダイの作った動画を見たこと。でも、コメントをスクロールして、スクロールして、相当しつこく見ていかないとわからないくらい「地球探検隊」の文字は出てこない。彼らは思いを行動に移したから、「地球探検隊」と出会うことができたのだ。「こんな旅をしてみたい」と思う人はいくらでもいると思う。でも行動に移す人は少ない。人生を変えるのは、このわずかな差しかない。2人を例にとれば、スクロールをしつこくしたかどうか。ちょっとした行動が、やがて大きく人生を変えることにつながったのだ。

2人には共通点がいっぱいあった。申込時、2人共19歳だったこと。美容の専門学校に通っていたこと。1週間違いのまったく同じトレックアメリカ7日間コースに参加したこと。これは偶然の一致とは思えないと、俺が2人をつなげたら、今、彼らは一緒に住む親友同士になった。

さらに静岡在住のコーダイを新宿御苑で開催するイベントに呼んでふたりとつなげた。するとふたりは彼を兄貴分として慕い、コーダイが古着屋の店をオープンする日、シンゴもゲンタもヒッチハイクして静岡の彼の店にお祝いに駆けつけるほど、仲良くなった。

シンゴが、「英語が理解できない悔しさでたまらなくテントで一人泣きました」って書いてくれたけど、これは多くの日本人参加者が似たような体験をしていると思う。

俺自身、多国籍ツアーに初めて参加した20代の頃、無事に旅を続けている報告をしようと実家に電話したら、おふくろの声を聞いた途端、グッときて泣きそうになり、言葉に詰まった経験がある。「どうしたの？　元気ないね。いつものシンらしくないじゃない？」と言われて、「大丈夫だから」と、一言だけ言って電話を切ったことがあった。安心させようと電話したのに、かえっておふくろに心配かけちゃったみたいだ。普段、当たり前に生活していて意識することはなくても、知らず知らずのうちに親の庇護のもとに安全・安心の生活があったんだと思い知らされ、親に感謝した。離れてみると、わかることって多いよね。

美容師を辞める決断をしたシンゴ。海外で美容師をやる夢を実現したゲンタ。どちらも自分の気持ちに正直に生きている。それは、トレックへの参加がきっかけで広がった人とのつながり、たとえば、兄貴分のコーダイのように、やりたいことを素直にやっている大人と出会ったことが大きく影響していると思う。人は人から影響を受ける生き物だし、人は人によって磨かれるのだ。

人生を変えるとは、何かをやり始めること。環境を自ら変えていくこと。2人の行動は、改めて、俺に大事なことを教えてくれた。

Sausalito

隊員あっきーのDramatic Journey

旅に出るということは、生まれ変わるということに似ている——隊員あっきーの13年間の物語。

２０１８年10月に会社をたたむまでの5年くらい、心にまったく余裕のない日々が続いた。２０１８年5月、一人の隊員からエールが届いた。会社設立当初、20年以上前、19歳でトレックアメリカに参加した隊員あっきーからだった。タイトルには、「人生を変えた旅」と書いてあった。このメールをもらった時は、あまりに心に余裕がなかった。自分自身の心がとっ散らかっていて、とても隊員の心に寄り添えなかった。

今ならあっきーの気持ちを受けとめられる。このエールは今も、決して色褪せない未来への力強いメッセージだ。あっきー、ありがとう！　あっきーからのエールをシェアしたい。

隊長、応援しています！　僕にとっても隊長、そして地球探検隊は人生を変えてくれた大切なもの。僕がもっとビッグになって、人生を語れるくらいの人間になれた時、その原点として必ず語るであろう話が、地球探検隊、トレックアメリカでの経験です。

たった1ヵ月足らずアメリカに行っただけで、こんなにも大きく考え方が変わり、生き方が変わる。そんな素晴らしい体験を提供できるのは地球探検隊しかないと思います！

違う旅行会社が、仮にトレックアメリカを取り扱ったとしても、同じにはならないと思いますよ。僕も実際に、帰国してから地球探検隊には帰国報告に行かなかった気がしますが、そのことがずっと心残りで気になってた。

いつか隊長に成長した姿を見せに行きたいって思っていました。そんな会社ないんですよ。旅を決めた瞬間から、まるで自分の家族のようにしっかりサポートされて送り出してもらったからそういう気持ちになるんだと思います。

今は、旅行業界も大きく変わって、これからますます厳しい世界になっていくのかしれません。誰でも個人で手配して、勝手に行けてしまう時代。そんな中で、地球探検隊が違いを見出せるとしたらそこなんじゃないかと思っています。いくら時代が変わっても、変わらないもの、そこにしかないものは〝人の心〟だと思います。隊長やスタッフが隊員一人ひとりと家族のような輪になっていく。いちばん手間がかかってお金にならない、大変な方法かもわからないですけれど、たぶん隊員誰もがそれを望んでいる気がします。家族の元へは必ず帰りますからね。そんな場所をこれからも作っていってください！

多国籍ツアーあっての大人の修学旅行だと思いますからね！　一人で冒険してきたことをみんな誰かに聞いてもらいたいんですよ。そんな人と人を横でつないでいって、輪が広がっていく。そんなイベントを提供して、そこから「大人の修学旅行」へ……昔の探検隊ってそんな流れだった気がします。この流れは今でも通用する気がするんです。がんばってください！

あっきー

そんなあっきーから、2010年、4年前に参加したトレックアメリカ参加のレポートが届いていた。あっきーはツアー中にサプライズを計画していた。奥さんのバースデーをメンバーで祝うこととラスベガスで結婚式を挙げるサプライズだ。彼の計画は実現するのか？　彼の体験談をシェアする。

人生もう終わり？　最後に旅と結婚式を――

２００６年９月。29歳だった僕は、人生に行き詰っていた。１年前に会社を辞め、個人事業を始めたが、まったくうまくいかなかった。貯金はみるみるうちに減り、あと数ヵ月もつかどうかというところまで追い込まれていた。そのことが原因で、精神的にも弱ってしまい、映画を観ればすぐに泣くし、だんだんと人も避けるようになり、親友にさえ会う勇気を失ってしまった。ついには引きこもるようになり、日当たり良好南向きの明るい我が家が、僕には暗く映っていた。何度も頭をよぎる「挫折」の２文字が、いよいよ現実味を帯びてきた頃だった。

しかし、挫折することで犠牲にしたくないものがあった。それは妻の存在だった。自分を信じて上京してきた妻を悲しませること、それだけは絶対にしたくなかった。「挫折」と「犠牲」という、究極の選択をしなければならない時が、刻一刻と迫っていた。

結婚して２年。ずっと夢に描きながら実現できていないことが２つあった。１つめは、夫婦で多国籍ツアーに参加すること。２つめは、結婚式を挙げること。この２つを実現させてからだったら、少なくとも「犠牲」からは回避できるような気がした。「挫折」を選択して、個人事業をキッパリ諦めたとしても、とりあえずは前に進めるような気がした。

「やらないで後悔するくらいなら、やって後悔しよう！」

貯金を全部使い果たして、ゼロからやりなおそう、そう決めた。決めたらそれからは早かった。地球探検隊からトレックアメリカのパンフレットを取り寄せた。行ったことのない街、もう一度行きたい街がうまく組み合わさったツアーを探して申し込んだ。そして、結婚式を挙げるというもうひとつの夢をかなえるために、妻に内緒でプロジェクトをスタートさせたのだった。

行きたかったツアーでサプライズ結婚式を

僕は、過去に2度、多国籍ツアーに参加経験があった。このツアーの魅力は、普通のパッケージツアーではなかなか行くことができないような場所に行けること。そして、文字通り〝多国籍〟な仲間たちと出会い、一緒に旅ができること。1週間も一緒に旅をすればすっかり気心知れたファミリーになれる。言葉も文化も目の色も違う人たちと感動を分かち合える旅。他では絶対に味わえない、素晴らしい旅だと知っているからこそ、妻とその感動を分かち合いたかった。歳を重ねた時、縁側でお茶をすすりながら旅の思い出を語り合えたらいいな、と初めて参加した10年前の多国籍ツアーの時からずっと思い続けていた。

そして、結婚式は予算の関係上、披露宴などできるわけがなかった。2人だけで教会で結婚式をすることさえも、日本では無理な状態。どうにかして実現させたいと、頭を悩ませている時に、ふと、ラスベガスでは安い料金で結婚式が挙げられるとテレビで観たことを思い出した。僕は現地のエージェントを通じて教会を手配することで、日本の旅行会社から手配するよりも数倍安く結婚式を実現させようと計画した。

この計画は、旅の途中で誕生日を迎える妻への〝プレゼント〟として計画していたので、その時まで妻には内緒にしなければならなかった。コソコソと、国際電話やメールで、場所、日時、貸衣装の手配などをした。

こうして、何も知らない妻を連れて、ツアーの出発地点であるシカゴへと旅立ったのだった。集合場所のホテルで9人の多国籍なツアーメンバーと合流した。ワゴン車に乗り込み、テント泊しながらの旅がいよいよ始まった。数日を共に過ごし、デンバーを訪れる頃には、すっかりメンバーと打ち解けてバカ騒ぎするようになっていた。この日も、デンバーのパブやクラブをはしごして、遅くまで飲み明かした。

全ての計画が水の泡？　僕は思い切って叫んだ

翌日、思わぬアクシデントが発生した。その日、キャンプする予定になっていたロッキー山脈周辺の気温が低すぎるために、滞在不可能になってしまったのだ。滞在予定地をパスして次の目的地に向かえばよいだけのことだったから、他のメンバーにとっては大した問題ではなかった。実際に、その通りにスケジュールは変更された。アーチーズ国立公園のあるモアブに1日早く向かうことになった。そして、移動の車の中でこの〝浮いた1日〟をどこで過ごすかという会議が始まった。「ハイライトである、グランドキャニオンにもう1泊したい」「ラスベガスは1日では足りないからこちらで2泊したい」「いや、ラスベガスからヨセミテまでの移動距離が1000キロもあるから、2日に分けて移動したらどうか」、などなどの意見が出た。

僕は、何も言わずに、黙ってその会議の行方をうかがっていた。もし、ラスベガス滞在予定日が変更になってしまったら、すべての計画が水の泡となってしまう。だけど、そんなプライベートな事情など、この時点では話せる状況じゃなかった。僕の心臓はバクバクと大きく鼓動し、額からは大粒の汗が流れ落ちていた。

そして、みんなが下した結論は、ツアーリーダーの負担を考慮して、ラスベガスからヨセミテまでの途中で1泊しようというものだった。結果、ラスベガスの滞在予定日は当初の予定から1日早められてしまったのだ。

絶望的だった。今からでは、教会の予約を変更できるわけもなかった。僕の壮大な計画はここで消えて無くなりそうになっていた。そもそも団体行動である旅の途中で、勝手に結婚式などやろうとするからいけなかったんだ。そう、自分を責めたりもした。

しかし次の瞬間、英語があまり話せない僕の口からは無意識に英語が発せられていた。

「みんな、ゴメン！　聞いてくれ！　実は、ラスベガスに滞在する予定だった10月5日に、僕たち2人は結婚式を挙げることになっているんだ。どうしてもその日はラスベガスにいなきゃならないんだ。だから、ヨセミテに移動してしまっては困るんだ」

仲間から軽蔑されるのは覚悟の上だった。決定が覆らないことも。しかし、メンバーのひとり、ジェニーから発せられたのは、

「そんな素敵な計画があったなら、何で話してくれなかったの？　2人と一緒に旅ができるなんて、私はなんて幸せなんでしょう！　結婚式には、私たちも参列してもいいの？」

そんな予想外な言葉だった。そして、それをきっかけにして他のメンバーも、

「そうだよ！　そんな素敵なこと、なんで言わなかったんだよ！」

「みんな大歓迎さ！　よく言ってくれたね！」

「じゃ、10月5日はラスベガス滞在で決定だな！」

そう言って、大騒ぎになった。そして、旅の途中で妻が誕生日を迎えること、その時にサプライズとして結婚式のことを妻に発表すると話すと、さらに盛り上がり、クルマの中は、しばらくお祭騒ぎのようになった。

英語がわからない妻は、隣でキョトンとして何が起こっているのかまったくわからない様子だった。不思議そうな顔をして僕に何が起こったのか聞いてきたので、僕はただ「ラスベガスで2泊することになったから、みんな喜んでるみたいだよ」とごまかした。みんなに説明するのに、「ウェディング」とか、「サプライズ」とか「バースデー」などという単語も使ったので、英語がわからない妻にもさすがにバレてしまったのではないかと心配したが、まったく気付いていない妻の様子を見て、僕はホッと胸を撫で下ろした。

こうして、最大の危機を乗り越えただけでなく、日本で計画してきた以上の大きなプロジェクトへと発展していったのだった。

モアブに到着すると、みんな観光もろくにせずに、誕生日に向けての準備が始まった。リーダーのポールからの提案でカウボーイスタイルでやることになったので、腰に巻く銃やカウボーイハットをそれぞれ購入した。そして、飾り付けやケーキ、シャンパンの準備まで。こうして、みんなの協力で誕生日にもサプライズをすることになった。気付けば僕一人の計画が、メンバー全員の計画に膨らんでいた。

結婚式発表に驚く妻と流れ星

翌日、モニュメントバレーに到着。ネイティブ・アメリカンのナバホ族の聖地であるこの場所で誕生日を迎えることになったのも、〝あの〟アクシデントゆえ。個人的には、10年前の旅のハイライトだったこの地が、妻の誕生日に選ばれた〝運命〟に、静かに心躍らせていた。

馬に乗ってメキシカンハットを見学しに行っている間に、テント周辺は派手に装飾されて見事なパーティー会場になっていた。それを見た2人は照れながらみんなの輪の中に入っていくと、どこかから他のツアー客も呼んできてくれたようで、約40人もの大所帯になっていた。

満天の星空の下でバースデーソングを大合唱すると、その中心には、星空の美しさに負けないくらい笑顔な妻の姿があった。バースデーケーキのローソクが「フッ」と吹き消されると、いよいよサプライズ結婚式を発表する時が来た。

僕は、結婚式の日付が描かれた手作りのTシャツをプレゼントした。嬉しそうにそれを受け取っても、まだ気付かない鈍感な妻。しびれを切らして、「何が起こってるかわかってる？」「すごいよ！ すごいよ！」と興奮するメンバーたち。興奮はピークを迎えて大騒ぎする40人。その中で、もう一度冷静に〝日本語〟で説明しても、「え？ え！ どういうこと？」と、まだ理解できない妻。その様子が、おかしくてたまらなかった。人間は、想像もつかないことに遭遇するときっとこうなってしまうのだろう。

そんな時、誰かが「あっ！ 流れ星っ！」と叫んだ。一斉に全員が空を見上げた。すると、見たこともないような強い光を放った流れ星が長い尾を引いて北から南に向かって流れていった。目で追ってもいつまでも消えない流れ星。ついにはみんなでその流れ星を追いかけるように走り出した。正確に数えてはいないが、数十秒は流れていたと思う。満天の星空までもが、僕たちをサプライズで祝福してくれているように思えた。

2つの計画を見事に達成！

翌日、グランドキャニオンに向けて出発。旅も後半にさしかかってきた。グランドキャニオンで谷底トレッキングをしたら、あっという間にラスベガスだ。谷底では雄大な景色に身を任せ、ちっぽけな自分がやろうとしている壮大な計画を、どこまでも続く広い空のキャンバスいっぱいに描いていた。

結婚式前日。遂に運命の地、ラスベガスに入った。デンバー以来、大自然の中でテント生活してきた僕たちにとって、ラスベガスのネオンは少々眩しかった。けれども、その非現実的な世界もまた旅らしくあり、心躍るものがあった。

リーダーの計らいで手配されたリムジンに乗り込み、シャンパングラス片手に街へ出て練り歩く9人。そして、酒の勢いに任せて踊り出す。目立たないわけがなかった。

翌日、いよいよ結婚式当日。早くから貸衣装屋に行って衣装選び。そして、そのままサイズを調整してもらう。時間が近づくと、安モーテルにリムジンが迎えにやってきた。普段、リムジンが横付けすることなどまずないものだから、フロントスタッフから宿泊客まで、ホテルがなんだかザワザワしていた。

タキシードとウェディングドレス姿の僕たちは、大勢の視線にちょっと照れながらリムジンに乗り込んだ。ネオン瞬くラスベガスの景色をリムジンで楽しみながら、教会へと向かう。2人だけの不思議な空間の中で、ソワソワしながらも、どこか満たされた気持ちでいっぱいだった。

教会に到着して車を降りると、メンバーが先回りして待ってくれていた。満面の笑みと拍手で迎えられる2人。この瞬間、2つの計画は完結した。

思い残すことは何もなかった。ここからゼロにリセットして、やり直すんだと決意を新たにした。僕たちを祝福してくれた、仲間たちの想いに応えなきゃ。日本に帰ってがんばらなきゃ。折れかけていた翼は、旅の中でゆっくりと癒され、羽ばたくチカラを取り戻そうとしていた。

仲間からの信じられないプレゼント

しかし、これだけで終わらないのが旅。旅は人がつくるもの。時に、予想もしない出来事が起こるものだ。式が終わって、ホテルに戻るリムジンに乗り込もうとした時、リーダーが、打ち上げしようと誘ってくれた。そして、ドライバーに交渉を始めたかと思うと、メンバーが全員乗り込んできた！　いくらリムジンとはいえ、座る場所もないほどギュウギュウ詰めにされて向かったのは……なんと、The HOTELだった。マンダレイ・ベイの新館で、最上階に最年少三ツ星シェフになったアラン・デュカスがプロデュースしたバーがあった。宿泊客でしか入店できないはずのバーに、堂々と入っていく。

「2人へのプレゼントだぜ！」

「残念ながら俺たちも一緒だけどなっ！」

そう言って、勝ち誇ったような笑顔で渡されたもの。それはなんと、ホテルのルームキーだった。メンバー全員のモーテルをキャンセルして、そのお金でスイートルームを1部屋プレゼントしてくれたのだ。そう、僕たちは堂々とバーに入れる宿泊客になっていたのだ。

タキシードとウェディングドレスを着たままの2人を連れたメンバーは、行き交う人たちにいちいち祝福されながらバーに向かっていった。そして、最上階に到着すると、今までキャンプ生活してきたメンバーに似合うはずもない、洒落た空間が広がっていた。その中で、100万ドルの夜景が見渡せるテラス席を陣取って、カクテルで乾杯！　次々と祝福に訪れる、会ったこともないバーのお客も加わって、騒ぎに騒いだ。人生で一度くらい、こんなことがあってもいいような気がした。

クルマの中で、結婚式のことを打ち明けたとき、喜んでくれたみんな。それでも、心のどこかで軽蔑されてるんじゃないかという思いが消えなかった自分。みんなを信じ切れていなかった自分が情けないと思った。だけどこの瞬間、本当に、本当に喜んでいいんだと思えた。やっとみんなの目をしっかり見られた瞬間だった。

一寸の曇りもない、仲間たちの笑顔を見ながら、心から祝福されていることにやっと気づいた。嬉しくて、嬉しくて、例えようのない喜びに包まれた。僕たちはなんて幸せなんだろう。こんなにも素敵な仲間たちと、一緒に旅ができただけでも幸せなのに、その仲間から祝福されて結婚式ができたなんて。そして、こんなサプライズまで。

この仲間だったから、ここまでの素晴らしい旅になった。誰一人、違っても、欠けていても同じ旅にはならなかったんだと思う。この奇跡とも言える素晴らしい巡り合わせに感謝せずにはいられなかった。

本気で願えば夢は叶うのだ

日本に帰ると、貯金通帳には3万円しか残っていなかった。月末に支払わなければならない、アパートの家賃も残っていない状態だった。それでも、アメリカに行く前の挫折感はすっかりどこかに消え去っていた。

結婚式のことをクルマの中で打ち明けた、〝あの時〟みたいにプライドを捨てて働き始めた。仕事を選ぶのをやめ、なければ日雇い派遣でもなんでもやった。時には、夫婦で同じ工場に派遣されることもあった。夫婦揃って日雇い派遣されたあの日の屈辱さえ、2人は楽しんでいた。その先にある、〝不確かな未来〟にワクワクしていたから。

旅の中で、「本気で願えば夢は叶う」ということを実感した。しかも、想像以上の結果で。日本に帰ってからふと、「子供の頃の夢は叶っているのかな？」と思い、卒業文集を読み返してみることにした。すると、そこには「30歳までに社長になりたい」と書かれていた。

「本気で願えば夢は叶う」のなら……

「叶えちゃう？」

根拠のない自信が僕を後押しして、半年後、僕は株式会社を立ち上げた。その時、30歳と1ヵ月だった。ちょっと過ぎちゃったけど……ギリギリセーフでしょ（笑）。旅は、時にひとりの人間の人生をも左右することがある。だから、旅はやめられない！　そこにまだ見ぬ世界と新しい出会いがある限り。

あっきー

そして、あれから13年経って、今、思うことを追記してもらった。「地球探検隊」の旅のコンセプト、「旅は手段で目的ではない」、「旅は終わってから、始まる」を今も実践してくれている。こんなに嬉しいことはない。

まるで映画の世界に迷い込んでしまったかのような旅から、気がつけば13年。あの旅で、「本気で願えば夢は叶う」ことを知った僕は、今でもその小さな成功体験が会社を経営していく上での心の支えになっているし、「迷ったら行け」の精神で今でもチャレンジし続けられているんだと思う。

旅に出るということは、生まれ変わるということに似ていると思う。知らない場所で知らない人と出会い、さまざまな初めての経験をすることができる。

そして、これまで生きてきた中での、自分自身や他人が持っている、自分という人間に対するイメージを全てリセットすることができるのだ。今までの自分を知らない、新しい仲間にだったら、バカみたいな壮大な夢だって、まるで明日にでもかなってしまうかのように話せてしまったりするのだ。

旅に出たことで、「こんなこと言ったら、親に、友達になんて思われるだろう?」そんなこと、気にしなくていいってことに気づけた。他人の目で見た自分ではなく、自分の目で自分自身を見られるようになった。それが、僕にとって最大の収穫だったと思う。

今でも、「本気で願い」「迷ったら行く」のマイルールで、1つ、また1つと新しい夢にチャレンジし続けています。

あっきー

あっきーにとって、「人生を変えた旅」となった。この仕事をして一番良かったと思うのは、隊員と一緒に学び、成長できることだ。偶然にも、これを書いた隊員あっきーと今の俺の状況が酷似している。これは偶然じゃないように思う。

2018年10月、何もかも失って貯金がなくなった俺。自己破産後は、ガテン系肉体労働の派遣の仕事も何度か経験した。喰うために仕事を選んでいる場合じゃなかった。でも、今、根拠のない自信が俺の背中を押してくれている。旅には人生をリセットする力があるのだ。

隊員テッシのDramatic Journey

ほんの少し世界の一端を見たことで人生のフィールドが「日本→世界」に変わった。

20数年前の学生時代、やはり19歳でトレックアメリカに参加、なくなった㈱エクスプローラのスタッフとして働き、その後、「舞台美術」を学ぶために渡米。留学を経て、今ではロサンゼルスで複数の大学の教授とデザイナーをやっているテッシ。

参加当時、学生だった彼が、40代となった「今、思うこと」に、俺も初めて知る衝撃的な言葉が送られてきた。テッシの体験談をシェアしたい。

〈なぜツアーに参加しようと思ったのか〉

俺は19歳でしたけど、ちょうど大学に入りようやく外の世界に興味を持ち始めた頃。ただどうやってその「外の世界」にアプローチしたらいいのか、何から始めたらいいのかわからなかった時にトレックの存在を知った。
英語のできない状態で参加するからには楽しいだけでは終わらないことは十分想像もついたけど、だからこそチャレンジしなくては、と思った。自分の未来も見えてない、将来の目標もちゃんと定まっていない軟弱な自分をどうにかしなくては、という思いから「ショック療法」的感覚で参加。昔のオフィス（エクスプローラを創業する前の会社）に参加費を払いに行った時、俺、実はかなり不安で不安で、あえてツアーについてあんまり中村さんに質問しなかった。考え出すと不安は募る一方だから、もうとにかく金だけ払っちゃって行かざるを得ない状態に追い込んだ感じ。

〈旅の最中に感じたこと、考えたこと〉

英語（語学力）の重要性。そして語学以外のコミュニケーション力の重要性。コミュニケーションに一番必要なのは言語でないことは容易に理解できたが、同時に言語なしでのコミュニケーションの限界も見えた。良い面で言えば、自分の適応力・バイタリティーは自分の思っていた以上に高いとわかったこと。

〈旅が終わってから、自分の中で変わったこと〉

旅のあと、自分の人生のフィールドは日本→地球（世界）に変化した。ほんの少しでも世界の一端を見たことで、今まで想像でしかなかった地球の大きさ、世界の狭さ、そしてその尺度がなんとなく見えてきた。

そしてその後も旅を続けることでその尺度の正確度が増していくと、徐々に世界の中での自分の立ち位置と歩くべき道、歩きたい道も見えてきた。その道を疑うことなく、振り返ることなく歩んできた今、幼少期からの日本での人生（第一章）、トレックから始まったその後の北米での人生（第二章）がほぼ半々になった。次の第三章を目の前にして、今、また「第二章の冒頭」を思い返し、この第三章をどうスタートするか、思いを馳せてる今日この頃。そんな感じです。

この第三章を始めるにあたって、今やってる仕事、すべてを一旦辞めることにしました。3つの大学もフリーランスのデザイナーも全部6月で辞めます。「その後何すんの？」って？　何するんでしょうね（笑）。自分でもまるで想像つきません。とにかく今はゼロプランから始めようと思ってます。なので転職ではなくリセットです。

テッシ

去年、日本に一時帰国したテッシと新宿で再会した時の言葉が印象的だった。

「今では英語で問題なくコミュニケーションとれるし異文化に対する免疫も大分あるけど、あの時トレックで経験した悔しさと喜び、そして衝撃は英語が片言で知識も経験もまっさらの白紙だったからこそ。必死になって話そう、学ぼうとするからこそ得られる感動があった。もうあの時と同じ感性で旅することは二度とできないし、あの時の情熱が眩しいなー」と。

きっとテッシは今、夢だったことが実現した海外生活の中で、あのときのヒリヒリと火傷しそうなくらいの情熱を求めているのかもしれない。だからこそ、今の地位、名誉、収入、すべてを捨てて、またゼロから何かを始める気持ちになったのだと思う。

「ゼロリセットして、中村さんみたいに年下にバイトで使われてみたい」なんて言っていた。

人生はいつだってやり直せる。57歳でゼロリセットした俺が言うのだから間違いはない。ゼロリセットしたら良いことしか起きていないし、良い人としか会っていないと思う。ものの受け取り方、心の持ちようが変わったからだ。自分が変わると周りが変わって、出会う人が変わっていったのだ。

今の時代、これをやっていれば一生安泰なんてことはない。過去の何かにしがみつき、守ろうとすればするほど苦しくなる。がんじがらめにしているのは自分自身の思い込みと執着。そんなもの、とっとと手放せば、まったく新しい世界が手に入るはずだ。

人生100年時代の今、40代は、まだまだ若い。挑戦こそが人生だ。錆びつくには、まだ早い。人生はいつだってアドベンチャーだ。きっと、テッシが旅で学んだのは、そういうことだったんだと思う。

Shout 4

ピンチをチャンスに変える旅
それがドラマチックジャーニーだ

Dramatic Journey Turn a Pinch into an Opportunity.

ほとんどの人がやらない、
できない理由ばかり考えている。
何度も言う。

人生で後悔するのは失敗したことじゃなくて、
やらなかったこと。
やらないのはもったいない。
やっている人は他人にあれこれ言っている暇はない。
あれこれ言うのは、失敗を恐れて何もやらない人だ。
だから、言いたい奴には言わせておけ。

失敗ではなく、
エジソンのように実験データが
一つ加わったくらいに捉えればいい。
何よりあなただけのたった一度の人生じゃないか。
「やろうよ！　やらずに死ねるか？」だよ。

「中村隊長」こと中村伸一

旅はさまざまな試練を俺に与えた。そしていつも新しい旅への夢を与えてくれた。

「大人の修学旅行」の出発点は、2001年12月のニューヨークカウントダウンツアーだった。その年の9月、同時多発テロによってアメリカは攻撃された。海外ツアーはほとんど中止となり、多くの旅行会社が倒産していった。

そんな中、批判承知、顰蹙覚悟で、熱い思いだけを頼りに実施したのがニューヨークカウントダウンツアーだった。旅はまだ死なない。テロなどに屈しないという思いを形にしたかった。スタッフ4名と隊員19名。初めて日本人だけでツアーを敢行した。

このときのツアーがまさに〝大人の修学旅行〟のような感じだったので、それ以降、日本人同士のツアーを「大人の修学旅行」と呼ぶことにしたのだ。

「大人の修学旅行」は大ヒットした。だが、いつのまにか俺の創ったこの大好きな「大人の修学旅行」はビジネスという怪物に飲み込まれそうになる。

あるとき、「大人の修学旅行」を続けていくには、会員組織にして会費で運営する会社に業態変更しないと生き残れないと言われた。そこから自分の本当の想いとは違う方向へ進み出してしまった。自分の身を守ることに奔走してしまい、「大人の修学旅行」を開催することが、いつしか「隊員の歓喜のために」から「会社を維持するために」に変わっていったのだ。

最少催行人数というのがある。これはいわば利益が出るかどうかの損益分岐点である。その人数に達しなければ赤字となる。でも、ツアーを催行する際、会社が儲かるか儲からないかを基準に決めるのは、会社という法人の経営判断としては正しくとも、俺個人としてはどうしても納得できなかった。それは、あまりに会社都合の言い分だったから。たった一人でも参加希望する人がいたら、ツアーを中止にはせず催行させたい。その旅は参加者の長年の夢だったのかもしれないのだから。その思いは、今でも変わらない。

だから、利益の出ない儲からないツアーでも催行した。現地に支払うツアー費用、家賃その他、スタッフの給与や航空券代などのコストまで自分のポケットマネーで補填を続けた。結果、会社への持ち出しが1600万円を超え、俺個人の資産が消えて経営が回らなくなり、会社をつぶしてしまった。当然のことながら、会社が倒産すると、最大の債権者は俺個人となり、自己破産になった。

「隊長、人が良すぎる。優しすぎる」とよく言われる。でも、それは違う。優しすぎたのではない。旅が好きすぎたのだ。正確には旅を好きな人が好きだったのかもしれない。

あの内田裕也さんが樹木希林さんに手紙で書いていた言葉に衝撃を受けた。

「ロックをビジネスにしなきゃいけない矛盾　by 内田裕也」

自分の心の奥底でモヤっとしていた。俺は旅をビジネスにしなきゃいけない矛盾を抱えていた。そう、「好きすぎる旅をビジネスなんかにしたくなかったんだ」と、その言葉に、「それだ！」と腑に落ちたのだ。「大人の修学旅行」は、どうしても最少催行人数に気持ちがフォーカスしてしまう。参加者にも、ツアーの催行が決定してから航空券の予約をしてもらっていた。仮に航空券の予約をしてしまった後に、ツアーが中止となれば、参加者には2つの選択肢しかない。1つは航空券のキャンセル料を払って予約を取り消すこと。もう1つは個人旅行に切り替えることだ。

会社としてもスタッフが同行するから、少しでもコストとなるスタッフの航空券を安くしたい。原則、早くに予約をすればするほど航空券は安く手に入れられる。それには、一日でも早くツアーの催行を決定しなければならない。どんどん安い航空券はなくなってしまうからだ。

実際、年末年始のアラスカ・オーロラの旅で、8カ月前に最少催行人数に達し、ツアーの催行が決まった時は、スタッフの往復航空券代を11万円で手に入れた。しかし、直前に申し込んだ隊員は、同じ航空会社のエコノミークラスの航空券代が、ネットの格安航空券でも往復27万円になった。その差額は実に16万円。なかなかツアーの催行が決まらず、スタッフの航空券代が大幅に利益を圧迫するケースが多々あったのだ。

スタッフがいなければ、会社を維持できない。インターネットの時代になって、海外旅行傷害保険の加入手続きは、俺がやっていた時は手動の機械だったが、ネットで完結するようになって、俺は保険のページすら開いたことがない状態。スタッフがいなければ手配業務がままならなくなっていた。

スタッフは隊員同様、俺にとって家族だった。だから、大事なスタッフを育てることと同時に慰労の気持ちとして、収支がマイナスでも、同行スタッフとして旅に行ってもらった。そのマイナス分を補填していたら、出張精算も給与も未払いになって、一気にスタッフ全員が辞める結果につながってしまった（誰もいなくなったタイミングで必ずサポートしてくれるスタッフが現れて、スタッフが全員退職した後も、5年間会社を存続できた）。

生き残るために、会員組織への業態変更が最重要目的となった。いつしか、その目標が大切な隊員のことをお金で換算するようになり、負のスパイラルに陥ってしまった。会員組織の最初の目標の手段と目的が入れ替わって、「会費で運営して一人でも催行決定にする」から、「会社を維持するために一人でも多くの会員獲得」に変わってしまった。当然のことながら、違和感を感じた隊員からは会費が集まらず、この業態変更というチャレンジは失敗に終わった。

今後は、個人事業主で旅行業のライセンスがなくてもできる多国籍ツアーを紹介していくという原点に戻ろうと思っている。フリーランスとなった今、「中村隊長と行く大人の修学旅行」は、友人の旅行会社とタイアップして実施することにした。

ガラにもなく大きく展開するレストランチェーンのように動いてしまった時期もあった

が、例えて言えば、俺が目指していたのは世界で一つだけの旨いラーメンを売るラーメン屋台のオヤジなのだ。螺旋階段のように上昇して同じ地点に戻ったが、ちょっとだけ進化している立ち位置で自分自身を眺められるようになったのかもしれない。

スタッフやオフィスを持たずに、一人で楽しく自由に小さく展開していくこと。会社という組織にして人を雇うのではなく、一人ひとりの人生と向き合って長くその後も交流していく、創業当時の気持ちに戻ることこそが原点回帰なのだと、今、改めて思う。

そう思えたのは、この本を執筆していく中で、純粋に隊員の気持ちに寄り添え、自分自身が本当にやりたいことに気づけたからだ。

隊員の喜びは俺の喜びだ。だから、隊員が元気になることは俺が元気になること。隊員が喜ぶことを優先し、もっと、もっと隊員に喜んでもらいたい。これが俺の原点だ。

そんな原点を思い起こさせてくれる隊員たちのツアー体験談を紹介したい。

舞台はアメリカからアジアへ。その場に自分が一緒に旅しているかのように感じ、心が震えた体験談だ。

隊員momoのDramatic Journey

何が起ころうと前を向いて自分の人生を歩きる自信がついた。

五感に訴える匂いまで感じる隊員momoの南インドの旅の体験談からシェアしたい。ちなみに、世界約70カ国行っている俺は、まだインドに行ったことがない。みんなに不思議がられるが、旅は呼ばれるものと思っている。「インドに呼ばれた！」と思える日が来るのか、それはわからない。いつも直感を大事にしているのだ。

あっという間にインド人に囲まれて……

デリーの空港から一歩出た瞬間、周りの景色と匂いに圧倒され、立ちすくんでしまった。息をするのが嫌になるほど空気は汚く、噂どおり目つきの怪しい物乞いや野良犬が私の目の前をうろうろしている。痩せた女性が着ているサリーはもう何年も洗っていないのかと思うほどに薄汚れているし、髭の生えたインド人男性の顔はインチキくさい。インド人の話す英語は訛っていてまったく聞き取れない。2週間こんな場所を旅するのか……来るべきじゃなかった……。想像していたよりも凄まじい光景は、安全で清潔で当たり前のように言葉が通じる日本から来た私には受入れられないものだった。そして、不安と心細さから、思わず母へ国際電話をしてしまいそうになった。誰かの声が聞きたくって。

私が参加したのは、インド東部のチェンナイ（旧マドラス）から海沿いにぐるっと半周し、インド西部のゴアまで行く多国籍ツアー「Jewels of South India」。初インド旅のクセに日本人が思い浮かべるインドの風景「タージマハール」も「ガンジス川」にも行かない。「ガンジー」も「マザーテレサ」も関係ない。そもそも、インドに興味があったわけでも、ない。日常から思いっきり離れた場所で、日本語がまったく通じない環境に数週間、身を置きたいだけだった。どうしようか考えあぐねて行き着いた結論は「自力では行けない場所を外国人と旅をする」多国籍ツアーへ参加すること。行き先はどこでもよかった。暖かい国で楽しそうなツアーはないかと地球探検隊で貰ったパンフレットをパラパラとめくると、色鮮やかなサリーの写真に目が留まり、

「Jewels of South India（南インドの宝石たち）」というワクワクするようなツアー名がついた南インドへの旅を選んだ。

学生の頃から海外旅行が好きで、今では一人旅にも慣れてきたし、旅行英会話ぐらいなんとかなる自信もあった。最近は「旅慣れた女」風に颯爽と海外の街を闊歩できるようにもなった。だというのに、デリーからチェンナイへひとりで移動する私は「鴨が葱を背負っている」様な姿だったと思う。重いバックパックを猫背で担ぎ、オドオド、キョロキョロ。海外で詐欺にあうような典型的な気弱な日本人ツーリストの姿。

旅の序盤から嫌になるくらい小さなトラブル続き。旅の開始地点チェンナイでは日本で手配したタクシードライバーが来ず、真夜中の空港で呆然としてしまった。この日、空港で呆然とするのはこれで2度目だ。地球探検隊に電話をして確認しようと思いついたが、深夜の日本に電話をしたところで、誰も電話口に出るわけがない。仕方ない……と、なるべく人の居る場所に座り込み、これからどうしようかとぼんやり考えていると、わらわらとインド人が寄ってきて、あっという間に囲まれてしまった。南インド人は黒人のように肌が黒く、夜の闇のなかでは真っ白な目と歯がギラギラと宙に浮いているように見える。恐怖を通り越して、なんだかこの状況がおかしくなり始めた私はニヤニヤ笑いながら「Get away」と小声で言って、だーっと、その場から走り去った。

でも結局、誰も追いかけて来なかった。彼らは、夜の空港でポツンと座り込んでいた女性が心配で集まってきただけだった。安全で清潔な国から異次元の国へ来てしまった私の神経は最高潮に張り詰め、目の前の光景も状況もすべて悪い方向に考えていた。やっぱり、こんな旅に申し込むんじゃなかった。2週間も神経が張り詰めた状態じゃ身が持たないよ……。泣きそうになるのを必死でこらえて、タクシーが来るのを待った。

1時間ほど待つと「家で仮眠していたら遅れちゃったよ〜」と白い制服を着たインド人が笑いながら現れた。もう、怒る気にもならず、すぐさま、長距離の移動で疲れた体と、極度の緊張で疲れた頭をタクシーに乗せ、シートにすっぽり体を沈めて、真っ暗なチェンナイの町を眺めながら「これが、インドなんだろうな」。そう、思った。

私が知ってる「あるべき姿」とはちがうのだ

翌日、2週間を一緒に過ごす仲間たちと合流だ。英語で考えた自己紹介を繰り返してみる。うん、完璧。これなら大丈夫。

夕方4時、ホテルのロビーに集合。私以外は全員白人。年齢は10代から60代と幅広く、一人参加もカップルも家族もいた。7カ国総勢14人の多国籍な面々に覚えたての自己紹介を英語で言ってみる。おお、通じる！　だけど、質問されても返答ができない。単語でしか会話ができない。みんなの会話のスピードについていけない。気がつくと、私は会話の輪からはずれていた。その日の夕食は、末席でうすら笑いしながらカレーを食べた。まったくもって味は覚えていない。でも、会話の輪に入れず悔しいと思った気持ちはよく覚えている。

翌朝バスに乗り込みチェンナイの町や郊外を散策。早速「外国人と旅をするとは、こういうことなのだ」と実感する事件が起きた。遺跡を散策中に女性1人が行方不明になってしまったのだ。1時間ほどたって、ふら〜と1人で戻ってきた彼女はポツリと「あれ？　なんでみんな怒った顔なの？」と。謝罪の一言もなかったことも驚きだが、男性だけが探しに行き、女性は木陰でのんびり待つことも驚きだった。もし日本人の団体なら「ガイドだけが探しに行くか、全員で探しに行くか」だと思う。

そして、行方不明になった人は「謝罪する」のがごく普通の対応だと思う。でも一番驚いたのは、謝罪をしなかった彼女へみんなの前ではっきりと文句を言った女性がいたことだ。日本人ならきっとはっきりと文句は言わないと思う。せいぜい蔭で文句を言う程度だ。異文化の人たちが集まるって、こういうことなんだ。見た目や言葉が違うだけじゃない、何もかもが、私の知っている「あるべき姿」とは違うんだ……。

頭で「あるべき姿」ばかり考えて、いつも気持ちが凝り固まっていた私には、目から鱗が落ちる出来事だった。

がんばらなくてもいい、人に頼っていいのかも？

小さな事件、気持ちの行き違いなんて、14人の人が一緒に同じ時間を過ごせば必ず起きることだと思う。なかでも「言葉の行き違い」が多かったように思う。私は日本語の環境であれば、考えていることを日本語で表現することや、喋ることは得意だと思う。人前で話すことも嫌ではない。だからこそ、「言葉の行き違い」で多くの失敗をおかし、多くの信用できる人を失ってきた。ひとつの言葉が、自分と他者にとって「同じ意味」を持つとは限らない。発した言葉によって、良い方向に変わることよりも、悪い方向へ変わってしまうことのほうが、私は多かった。

今回の多国籍ツアーでは、考えていることや感じていることを人に伝えたい、言いたい！ 喋りたい！ と思っているのにも関わらず、英語で思いを表現できるほどの会話力が無いがゆえに「会話の傍観者」だった。最初はそれが悔しくて仕方なかった。

でも、あるときふと気がついた。「輪の真ん中にいること」、それが自分にとって心地良い位置ではなく「輪の外側でみんなを見ていること」、実はこの位置が一番心地良いと感じるのだ。不思議と自分が言葉を発するよりも、聞いているほうが楽しい。会話ができないからこそ気づいた感覚だった。少ない言葉を発するだけでも十分コミュニケーションがとれるということ、さらには、交わす言葉が少なければ少ないほど、お互いにシンプルな付き合いができるのかもしれないと気がついた。「言葉」に頼るから、気持ちが伝わらないことに、初めて気がついた。

旅の間、「嬉しい」「楽しい」「嫌だ」という感情を言葉で言うだけでなく、オーバーと思えるほど顔や体で感情を表現していた。我ながら幼稚園児みたいだな……と思うくらい体で喜怒哀楽を表現していた。（もう笑っちゃうくらい子供みたいだった！）だからなのか……最初は「英語もロクに喋れない厄介もの」扱いだった私が、旅の中盤あたりから「みんなに可愛がられるアホな日本人」になっていた。

日本での私は、何もできないくせにプライドの高さだけは一丁前、人より何かができない駄目な自分なんて許せなかった。厄介なことに器用貧乏な私は人より大抵のことは人よりも少し上手くできる人生だった。（逆にできなさそうなことには手を出さなかったのだけど）。まわりの人より何もかも上手くできないインドでの日々を過ごすうちに「あれ？　がんばらなくてもいいのかも？　人に頼ってもいいのかも？」と思うようになっていた。すると不思議なもので、あれほど恐ろしかったインドの風景や人が怖いものでなくなっていた。汚い湯飲みで飲む屋台のチャイも、露天で売っている得体の知れない食べ物も、平気で口にするようになっていた。ガチガチに固まっていた頭、肩の力、すべてが抜け、子供のようになっていた。

あなたとは楽しく会話できない！

私が旅したインドの風景は、世界的に有名な遺跡があるわけでもなく、驚くほど風光明媚な場所を旅したわけでもなく、南インドの田舎町を歩くように旅をした。もちろん実際にはバスや電車や船で移動をしたのだけど、南インドに住まう人たちの息遣いや、家から立ち上る夕飯の香り、子供たちが騒ぐ姿や、男女が喧嘩をする声、そんな田舎町の日常をゆっくり味わう旅だった。そこに、世界各国から集まってきた14人が一緒に旅をする。

カナダ人のスーは、60代の元英語教師。若い頃はヒッピーだった彼女は親と同世代とは思えないほどファンキーな女性。英語が上手く喋れない私をいつも笑い飛ばしながらフォローしてくれた。オーストラリア人のルーシーは、17歳の高校生。ファッションが大好きで、いつも私の持っている服を欲しがったり、インドでは一緒に買い物に行ったり。旅を終えてから時間が経つというのに、全員との些細な会話が昨日のことのように蘇ってくる。

きっと私は……日本人と一緒だったり、英語が堪能だったら、旅した風景や会話をこれほどまでに思い出せなかった気がしてならない。普段であれば人と会話をしているはずの時間が、一人で考える時間になっていたり、ぼんやりする時間になったり。思ったことや感じたことを外に発することができなかったからこそ、気持ちの余裕を持てたのかもしれない。

最後にひとつのエピソードを。ルームメイトは早口なニューヨーク在住のキム。私の知らないようなアカデミックな言い回しで喋る彼女との会話に私はまったくついていけず、いつも彼女を苛立たせていた。

ある日、見るに見かねた英語教師のカナダ人スーがキムにこう諭してくれた。「あなたの英語ではモモが理解できない。もっとゆっくりと、わかりやすい英語で会話しなさい。モモは英語がわからないわけじゃないのよ」と。

翌日。彼女はどこかから「英単語の絵本」を買ってきた。大きくりんごの絵が書いてある横に「APPLE」と書いてあるような代物だ。彼女はそれを差し出し「これで会話をしよう！」という。そこには、数字、果物や動物が描かれているものの、大人同士が会話ができるような絵や文字はなかった。それでもなんとか2人で会話を試みるも、結局最後は「あなたとは楽しく会話ができない」と言われてしまった。

ところが、最終日。お別れの夜につたない英語で「英語ができない私と一緒だったから、キムは楽しめなかったでしょう。ごめんなさい」と伝えた。すると思いもかけないことを言われたのだ。「（キムは文頭にActuallyともったいぶって言うのが好きだった）Actually（実は）……。私はこのインド旅行へ来る直前まで、日本人ビジネスマンと付き合っていたの。そして、別れた。なのに、インドに来たら日本人と同室なんて本当に嫌になったわ。日本人のあなたが嫌だった。だけど、一緒に過ごすうちに、やっぱり日本人っていいなって思ったの。次は必ず日本を旅するわ」と。2人でハグして大泣きしたのは言うまでもない。

話はまだ続く。つい2ヵ月前に、久しぶりにキムから連絡が来たのだ。「米国政府のある機関に転職しようと思うの。アジア勤務を希望しているのだけど、私が「異文化に適応できる人物か」を推薦できる人物を履歴書に書かなくてはならないのだけど、モモ、名前を借りてもいい？もしかすると米国政府から連絡が行くかもしれないけど対応してもらえる？」。もちろん2つ返事で承諾をした。もしこの転職が上手くいけば、アジアのどこかでインドを一緒に旅したキムに逢えるかもしれない。

日本での生活から逃避したくて参加した多国籍ツアー。世界中に友達ができたこと、そして何よりも、知らなかった新しい自分を発見したこと。何物にも代えがたい財産ができたように思う。この旅はツアー名どおり「Jewels of South India」だ。南インドでたくさんの宝石を見つけてきたような気がする。

帰国時、デリーの空港で。たった2週間前には怖くてたまらなかった空港が、日本の空港となんら変わりない風景に見えていた。空港内を堂々と歩き、つり銭を少なく渡そうとした空港のカフェの店員に「I think……I should get more Rupee!」とすんなり言えるようになっていた自分に驚きつつ、なんとなく、誇らしい気持ちで日本へ帰国をした。

失敗を恐れないマインドをつくれた

「今」の私を作ったのは、間違いなく10年前のインド多国籍ツアーだ。それまでの私は、世の中のべき論で生きつつ、それが苦しくてたまらなかった。ところが、スムーズに英語でのコミュニケーションがとれない旅の中で「何もできない私」「誰かに頼らざるを得ない私」を物心ついてから初めて体感し、さまざまなべき論からの呪縛が解け、心が自由になり、行動も自由になり、そして、今の私がいる。

インド以前だったら失敗しそうなこと、リスクのあることには手を出さなかった。ところがその後は——。苦手な走ること、しかも、山を走るトレイルランニングに挑戦して大ハマりしたり、仕事では大きなチャレンジをして年間を通し最も成果を出した人に与えられるトップパフォーマー賞を受賞したり、プライベートでは子を授かるなど、公私共に失敗を恐れずチャレンジをし続けている。

「インドを旅すると人生観が変わる」

人はよくそう言うけれど、インドだからではなく、マインドを変化させる環境に身を置いたから人生観が変わったのだと思う。今後の人生、未来において、何が起こるのかは予想はつかない。だけど、失敗を恐れないマインドを得た今は、前を向いて自分の人生を歩きる自信だけはある。でもそれで、充分。きっと素敵な未来をつくれると、私は思う。

momo

momoのように価値観の違う仲間と過ごした経験は、必ず役に立つ。日本のモノサシで見ていた物事を世界のモノサシで見ることは、相手との違いを認めるということ。拒んでばかりいたら何も始まらないし、前に進めない。

先の読めない時代だからこそ、予想のつかない未来に、どれだけ楽しいことを考えられるか、失敗を恐れないマインドを持つかが必要なんだと思う。momoは、そんなことを旅で学んだのだと思う。

そして、もう一つ、今、実感しているのは、「大人も子供みたいに無邪気になれ！」ってこと。ゼロ歳児の子育てをしていて、邪気のないことは大人にも必要ってこと。「言葉だけで伝えようとするから伝わらないんだ」って、momoが気づいたことに共感した。

俺もいつも話の中心にいて、周りが見えなくなることは多々あったと思う。英語がしゃべれなくて子どものように聞き役になることで見えてきたことがたくさんあった。まったく違った立ち位置で周りを見られるのも、多国籍ツアーならではと思う。日本人同士のツアーでは気づかないことに気づける旅は、記憶に刻む旅となる。育児をしていて、つくづく思う。「素直で、無邪気でかわいい」は世界最強だ。

育児と家事をする主夫になって実感したことがある。それは、旅と子育ては似ているってこと。試行錯誤の連続で奥が深いのだ。ゼロ歳児の成長は驚くほど速い。昨日の息子と今日の息子は別人のように違う。たとえば、生後5ヵ月くらいになると、ミルクを急に飲まなくなってしまう。ギャン泣き＝お腹が空いたが、ある日、突然当てはまらなくなるのだ。どんなに慣れてきても、予定不調和な育児は毎日が修行のようだ。

今日は昨日の延長じゃない。「こうあるべき」なんて凝り固まった考えでは、ノイローゼになってしまう。「毎日違うのが当たり前」という基準を持って、「毎日がはじまり、毎日が新しい」と自分自身に言い聞かせること。あなたにとっても、俺にとっても毎日がはじまりの日なのだ。

柔軟に気持ちの切り替えができるようになったのも旅の効用の一つだ。

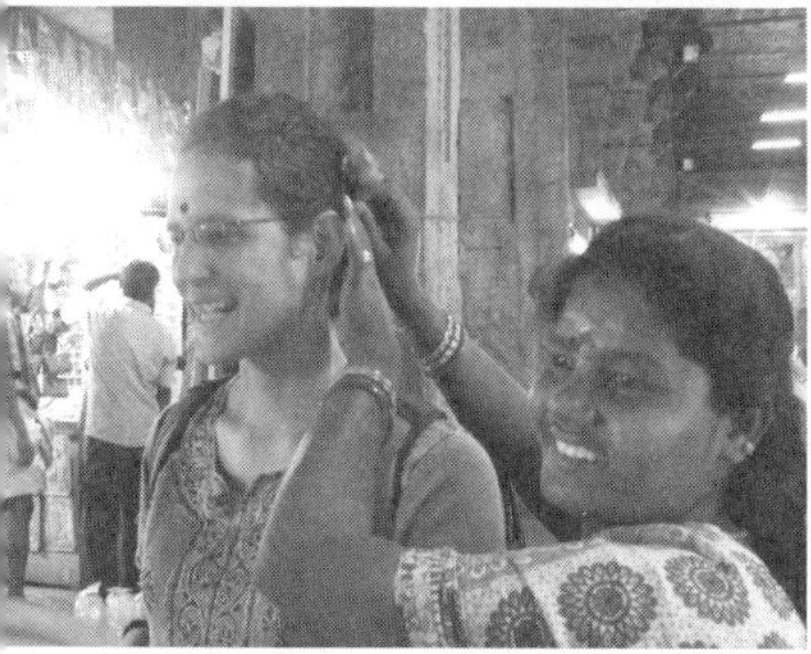

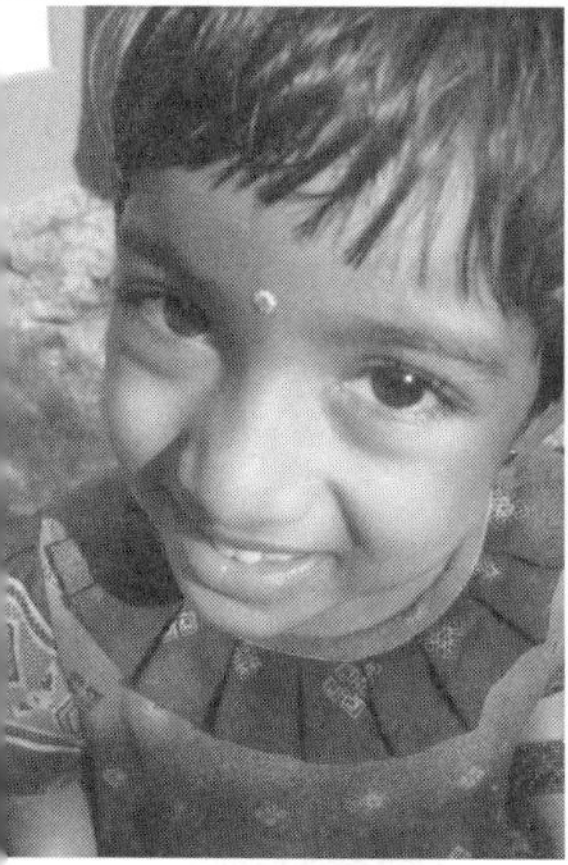

隊員まーぼーのDramatic Journey

それからの自分の価値観を変えた18歳の初海外、初一人旅。

2007年夏、タイ・バンコク発着の多国籍カンボジアツアーに参加した当時18歳だった隊員まーぼー。初の海外旅行のドキドキ感が伝わってくる。初めての「非日常」感が新鮮だ。

2007年5月、駒澤大学に入学したばかりの僕は、サークル選びに大きな違和感を抱いていた。「このサークルは自分に合っているのか？」「自分は楽しめるのか？」と。

いつになく慎重な僕はいくつかのサークルの新歓に参加しては、注意深く吟味しながら、新入生という特権を使い、タダ飲みしてまわっていた。しかし、それがつまらなかった。あちらこちらで「飲んで飲んで飲んで〜」のコールが飛び交い、ただ飲んで騒ぎ、潰れる人は潰れ、潰れてない人は介抱にまわる。参加率の悪いメンバーの陰口が飛び交う。そんな光景を目の当たりにして、「サークルってのは仲間の集まりなんじゃないのか？」と嫌気がさし、サークル選びを諦めかけていた。

そんな中、もうこれで最後と決めて参加した新歓バーベキューで、運命の出会いがあった。それは自分と同じことを感じていた一人の同級生との出会いだった。僕は新歓についての違和感を彼にぶつけてみた。「もっと熱い何かを探しているんだ！」と。そう伝えると、彼はふと「新宿にオモロイおっちゃんがいるらしいよ……」と言い始めたのである。

「だ、誰だ？」と好奇心が赴くままに興味本位で聞いてみる。どうやら、その人は「中村隊長」というらしい。さらに「地球探検隊」という旅行会社をやっているらしい。「え？　隊長？　地球探検隊？　いかにも怪しい……だけど、何だろう……この感覚……すごいワクワクする」と思い、これから始まる何かに僕は冒険心を呼び起こされたのであった。

数日後、僕はその怪しげな「地球探検隊」のオフィスにいた。あれからすぐさまネットで調べてみたら「地球探検隊を知る夕べ」という会を知り、参加することにしたのだ。

そして、実際に中村隊長と初対面。隊長の第一印象は「普通のおっちゃん」だった。だけど、

「地球探検隊」についての話や隊長の旅話を聞いていると、だんだんと胸が熱くなってきて、僕の中で隊長が「普通のおっちゃん」ではなく「カッコイイおっちゃん」になっていった。気づくと、僕は隊長の広い世界観に入り込んでいた。単純に「こんなにも世界は広いのか」と思った。でも、そんなありきたりな表現では伝えきれないほどの何かがそこにはあった。

正直、あの時、隊長が何を語ったのかはまったく覚えていない。ただ、今でも覚えていることがある。それは、新しい世界を知った時の衝撃、鼓動の高鳴り。そして、それらが僕の人生の方向性をガラリと変えたのは言うまでもない。

それから3ヵ月後の2007年8月2日、僕はバックパックを背負って、韓国のインチョン空港にいた。カンボジアをまわる現地発着の多国籍ツアーの集合場所である、タイのバンコクに行く経由地点だった。

さっそく僕は空港で迷っていた。「飛行機の乗り換えってどこ行けばいいんだ?」と。それもそのはず、僕が海外に出るのは、生まれて初めて。一人旅も初めて。つまり、旅においてはど素人。国内も旅したことのない18歳の若者にとって、国際線の乗り継ぎは超難問だった。さすがに必死になって、得意の必殺技ジャパニーズイングリッシュで「エクスキューズミー」を連発。おかげでなんとか乗り継ぎに成功する。

しかし、それだけでは終わらない。飛行機が離陸した後、隣りに座る綺麗な外国人のお姉さんの前に豪華な食事が突如として現れ、「この人は有名人なのか？　セレブなのか？」と動揺する自分。しばらくすると、僕の前にも現れた。「ふむふむ、そうか、これが機内食ってやつか」と一人で納得。しかし、そうしていたのも束の間、今度はＣＡさんが僕に英語で何か話してきた。ま、まずいぞ、いまいち聞き取れない……。

そこで僕は2個目の必殺技「ＹＥＳ、ＹＥＳ」を連発。すると、なんとワインが出てきた。なるほど、そういう仕組みか（当時18歳だったが、断ることもできず飲んでしまったことはここだけの秘密である）。飲み終わるとまた声をかけられ、ついつい必殺技「ＹＥＳ、ＹＥＳ」をまたもや披露し、おかわりもしてしまった。その後は言うまでもなく、ぐっすりお休みコースであった。

そんなこんなで、僕の初海外、初一人旅、初多国籍ツアーの旅は始まったのである。

数日後、いよいよツアーの集合日がやってきた。僕は「カンボジアをまわるツアー」を地球探検隊を通して予約していた。

このツアーの集合はタイのバンコク、解散はベトナムのホーチミン。せっかくということで、集合日の3日前にはタイに入り、解散後も数日間ベトナムをふらふらする予定だった。

そして、その緊張すべき集合日が来たわけである。集合場所のホテルのロビーに着いて、僕は目が点になった。「みんな白人じゃん。アジア人いないんかいっ！」と心の中で突っ込み、外国人に慣れていない僕は白い人たちの中でただ一人ぽつんと取り残された気分になった。ただただ、緊張と不安でいっぱいになった。逃げたくなった。帰りたくなった。後悔した。

その時の日記には、心境がこのように綴られている。


ヤバイ。こりゃーヤバイ。場違いにも程があるほど、みんな英語ペラぺぇ〜ラ。どうしよう……。ツアー内容もほぼ聞けなかった。でも、相部屋の相手がラスミスっていう18歳のタメで最高に優しい。彼も初一人旅。英語をゆっくり話してくれるし、てか、こいつ、めっちゃカッコいいぞ。目が青いぜぇー。さすがノルウェー人。マジこの2週間よろしく。他の周りの人は歳がわからないけど、焦らず、ゆっくり、みんなとしゃべろうっと。伝えたい気持ちがあれば何とかなる。うん、なんとか……。がんばるべぇ〜。起きていることは一つ。気持ちの持ち様で何とでもなる。ポジティブに。

よっしゃー。

（2007/8/5 23:01 New World Hotelにて『逃げ出したいカモ』）

改めて読むと恥ずかしいが、最初に「場違いにも程がある」と書いているくらい、強烈な場違いを感じていたことは今でも鮮明に覚えている。

顔合わせをしてからツアー内容を聞くが、英語がまったくわからない。焦りと緊張。ありきたりなフレーズを使っての自己紹介。翌朝にはみんな朝食チケットを持っているのに、なぜか僕だけ持っていないという小さなトラブル。正直、ご飯を食べるのもやっとだった。

ツアー3日目。相変わらず英語をうまく聞き取れない話せない僕だったが、楽しむコツを覚えつつあった。

その日はカンボジアの真ん中に位置する、海のように大きなトンレサップ湖に行った。湖の上には高床の家、病院、学校、バスケコートまでがあり、生活に必要なすべてが水上にあった。そう、水上の街である。

しかし、水上の街といえど、別にカッコイイものでもない。水は茶色く濁っていて、今にも崩れそうな大きな建物や船がただ漂流しているような、そんな雰囲気だった。

でも、そこに人々は住んでいた。僕らツアーメンバー12人は船に乗り込み、この集落を見てまわった。そう、「見て」……。

そこに住んでいる人々は、満面の笑みで手を振ってくれる。そんな光景を目の当たりにして、僕はなんだか急に胸を締めつけられる気持ちになった。ただ「見られている彼ら」、そして、ただ「見ている僕ら」。

僕は一体ここに何をしに来たのだろうか。「世界のリアルを見たい」と飛び出してきたが、僕にとって世界のリアルを「見る」ということは、貧困の現実を見ることだったのか。

ここは、動物園ではない。なのに、動物園にでも来たかのように、彼らの生活を写真に収める自分がいる。ここは、テーマパークのアトラクションでもない。なのに、人々の生活の場をアトラクション気分で見てまわっている自分がいる。

そんな違和感と罪悪感に苛まされながら、僕らは船を降りた。降りるとすぐに、物売りに囲まれた。勝手に撮られていた自分の写真がプリントアウトされた皿を売りつけてくる商人を軽く払い除けながら、観光が及ぼす文化の変容やグローバリゼーションについて、深く考えさせられた。

「見る側」と「見られる側」。この立場の違いは何だ。正直、苦しかった。彼らは、いったい僕らのことをどう思っているのだろうか。僕らは、いったい何なのだろう……。

その後もツアーは続き、自分の中でさまざまな文化衝突があり、多くの葛藤や出来事があった。英語力のなさに自信をなくす日もあれば、言葉はいらず、わかり合えたこともあった。遺跡の上で風に吹かれ感傷に浸ったり、ジャングルを探検したり、海でウニを踏んで流血し溺れかけたり、現地の人に間違えられたり、バス移動中に無茶振りされてSMAPの「世界に一つだけの花」を歌わされたり……と、本当にさまざまな経験をした。

中でも、最終日に2週間ずっと相部屋だったラスミスに言われた言葉が今でも忘れられない。

「正也は最初、全然英語ダメだったけど、だんだんうまくなっていったね。2週間楽しかったよ。ありがとう」と。僕は驚いた。なぜなら、英語がうまくなった気が全然していなかったからだ。正直に言うと、この旅で僕はずっと英語力のなさに劣等感を持ちながら旅をしていた。

途中、吹っ切れて、楽しむコツを手にしたが、本当にしたいコミュニケーションはできなかった。話しかけても伝わらない。話しかけられても分からない。ボディランゲージと雰囲気で伝わるものはあるが、深い話はできない。頭ではいろいろと考えているのに…。そんな日々だった。

だから、この最後のラスミスの一言は心の奥底まで染みていった。嬉しさのあまりに思わずハグをしたくらいだった。「英語を勉強するから、今度はもっと話そうぜ」と約束をして、僕らは別れた。こうして、僕の初海外の旅は終わったのである。

あれから約13年の月日が流れ、2020年現在、僕は「古瀬ワークショップデザイン事務所」という屋号でワークショップデザインとファシリテーターを生業にして暮らしている。あの時の多国籍ツアーの体験は、今にどうつながっているのだろう。

例えば、貧困の現状を目の当たりにしたから、それを解決するような仕事に就いた、という直接的なつながりはない。しかし、あの時感じた（水上の上で暮らす人たちの）「あの目」は今でも忘れられない。彼らを見る「僕の目」。それを見返す「彼らの目」。本当のところは、僕らだけが「見ていた」のではなく、彼らも僕らを「見ていた」のだった。見て、見られ、見られ、見て……。「見る」行為とは常に相互浸透なのだ。あの頃は、自分中心で「僕からの視点」しか持ちえていなかったのだな、と改めて思う。そう思うと、少しは変わったのかもしれない。

今思い返してみると、当時の僕にとって、地球探検隊も、国際線の乗り換えも、多国籍ツアーも、すべてが未知の世界だった。未知の世界は恐い。知らないということは、人を恐怖にさらすものだ。でも、一旦、飛び込んでしまえば、案外なんとかなることも多い。これは未知の世界に飛び込んだことのある人だけが知っている一つの真実だと思う。怖くとも、気づいてしまった胸の高鳴りは止められない。行ってみたい。やってみたい。飛び込んでみたい。それに従えばいい。

そうやって人生はどんどん前へ進んでいく。今いる場所から一歩先の未知なる未来に向かって。きっとあの時の多国籍ツアーの体験があるからこそ、今でも変わらず、僕は未知なる世界に飛び込み続けられるのかもしれない。

（ちなみに、あれから英語の方はまったく上達せず、ラスミスとの約束はまだ果たせそうにはない）

まーぼー

隊員タケシのDramatic Journey

こてんぱんに打ちひしがれた旅
それは自分の世界を広げる第一歩だった。

タイから始まるカンボジアの旅に参加したタケシ。ツアーが始まる前、事件は起きた。その後、タケシは何を思い、どう行動したのか？　そして、10年経った今、彼は何を思うのか？

仲良くなったタイ人のおじさんは……

高橋歩やサッカーの中田英寿が好きで、漠然と自分もいつか旅に行ってみたいと思っていた。だから探検隊と出逢ってから多国籍ツアーの申込まで、そこまで時間はかからなかった。多国籍ツアーで一人旅より安全に旅ができるならいいんじゃねーか。そんなもんだったように思う。ただ、いざ申し込む時はやっぱり怖かった。初めての海外一人旅、英語力の自信のなさ、あとやっぱり体調的なもの。ツアー代金を銀行のＡＴＭで支払おうとする時も、怖くなって最後の

「振り込み」のボタンがなかなか押せなくて、何度も入力をやり直したのを覚えている。でも結局は、「ここはバカになるしかない」。そう思ってボタンを押した。

そして申し込んでしまえば、案外開き直れてきた。さらに開き直っていくにしたがって、いつの間にか怖さがワクワクに変わっていった。

そうして僕の旅が始まった。

僕はカンボジアを周るツアーにした。そのツアーは集合場所がタイのバンコクで、集合日の翌朝にはカンボジアへ陸路で移動するというスケジュール。つまり、ツアーそのものにタイをまわるプログラムはない。だから、せっかくなのでツアー集合日の4日前にバンコク入りし、1人でタイを周ることにした。

フライトが乗務員のギックリ腰で遅れるという、いきなり楽しすぎるハプニングに見舞われたので、バンコクに着いたのは夜遅く。だからその日は宿の近くのカオサン通りでご飯を食べて、すぐに寝た。この時にはもうワクワクしか感じていなかった。それだけでなく、1人で海外に来ているというそれだけで僕は完全に調子に乗って、有頂天になっていた。しかし、そんな僕に神様はちゃんと試練を与えてくれたのだった。

2日目、夕方頃に宿周辺をブラブラと歩いていた。するとタイ人のおじさんが話しかけてきて、時間を聞いてきた。僕は腕時計を見せながら時間を教えてあげた。それをきっかけにお互い片言の英語で会話が弾んだ。どうやら彼はこれからバンコク市内のお寺に行くらしい。まだ市内を観てまわっていなかった僕は、現地の人と行けば面白いかなぐらいの気持ちで彼に付いていくことにした。その後も会話は弾み、現地に友達ができたと思った僕の有頂天度はさらに上がった。そのまま夜ごはんも彼と一緒に食べることになった。彼は現地の人しかいないような食堂みたいな所に連れて行ってくれて、そこは値段も安くうまかった。

食事中も会話は弾み、最後にお酒を飲みに行こうと言われ、付いていった。連れて行かれたバーは結構暗く、いつのまにか女の人が隣に座って来たし、ちょっとやばいかなとは思った。だからお茶一杯だけ頼んで、お酒は飲まなかった。それに、仲良くなったタイ人のおじさんが一緒にいるから大丈夫だろうと思っていた。何かあればこの人が守ってくれるだろうと。

時間もだいぶ遅くはなってきたし疲れてきていたので、そんなに長居することなく帰ることにした。そしてそのおじさんにいくら払えばいいか聞いた。おじさんは「2万バーツ」と言った。頭が混乱した。2万バーツと言えば、6万円である。有頂天だった僕は、そこでやっと自分が騙されてきたことに気づいた。なんてことはない、このオヤジは最初からこのボッタくりバーに連れてきて僕から金をむしり取るために道で話しかけてきたのだ。

いきなりバーには連れて行かず、最初に信頼関係を築くためにまずは市内観光、食事に誘ったのだ。そもそも時計を付けているのに時間を聞いてくるなんて変な奴だとは思っていた。こんなガイドブックにそのまま載っているような典型的な詐欺の手口に引っかかるなんて僕はどうかしている。

でもそんなことを考えている場合ではない。怖くて涙すら出なかったが、とにかく泣くふりだけして、払えないと言い続けた。そもそも6万円なんて金は持っていない。持って行ったお金は全部で5万円程度だし、カードもないからそれが全財産。ほとんどは宿のセーフティーボックスにある。しかも21日間の旅程のまだ2日目の夜。払えるわけがない。粘りに粘ったが、結局1万円とドルを少しとられてしまった。

今振り返ればもっと値切れた気もするし、観光警察に駆け込むなど、やれることはもっとあったとは思う。でも恐怖と疲れでそれ以上たたかう気力も体力もなくなっていた僕には、それが精一杯の結果だった。

打ちひしがれ、節約する日々の中で

そうして節約の日々が始まる。ツアーが始まるまで2日程あったが、1日1食それも屋台の90円ぐらいの焼きそばみたいなの。水もなるべく節約して飲むようにした。だからツアーが始まるころには、かなり満身創痍の状態だった。ツアー中は目安で一人250～300ドルぐらい必要と聞いていた。だけど僕は170ドルしか持っていない。

初日のミーティングの後、カンボジア人のツアーリーダーのSumに相談した。スピーキングで伝えられる自信はなかったから、手紙を書いて渡した。ぼったくられたこと。金がないから、屋台でもいい、ツアーメイトと同じレストランじゃなくていいから、とにかく安く食べれる所を紹介してほしいということ。本当に申し訳ない、皆には迷惑かけたくないということ。きっと間違いだらけだったであろう英語のその手紙を読んで、彼は一言「OK」と言い、僕の肩にそっと手を置いてくれた。

それから毎晩、Sumは僕のビール代をおごってくれた。僕が遠慮して安いコーラを頼もうとすると、むしろ嫌な顔をして僕の分のビールを頼んでくれた。夫婦で参加しているツアーメイトのオーストラリア人Donnaがこっそりごはん代を出してくれることもあった。Sumが事情を話してくれたらしい。精一杯の感謝を込めて「Thank you」の一言しか言えない僕に、Donnaは「My pleasure」と最高の笑顔で言ってくれた。それでも僕は申し訳なさと、自分が皆のお荷物になっている気がして閉じこもりがちになった。

フリーの日はなるべく一人で行動して1日1食で済ませ、あまり体力を使わないように宿で休んだりしていた。すると、今度はイギリス人のCarolineとRebeccaが屋台で肉まんみたいなものを買って、僕の部屋に届けてくれた。部屋で一人、半泣きでその肉まんを食べた。ツアーメイトの温かさに触れ、でもそれに触れる度に自分のバカさ加減に情けなくなる。嬉しいんだか悔しいんだか、自分でも何だかよくわからない涙を流したのは初めてだった。

「自分はバカだ。でも今さらカッコつけたら、もっとカッコ悪い」

そうして段々と開き直れるようになってきた。

皆とごはんを食べに行ったときは、皆の料理の残り物を食べるというのが、僕の役割みたいになった。というのも、料理をいつも残すツアーメイトに、僕は腹が減っていても遠慮してなかなか「ちょうだい」と言えなかったが、開き直っていくにしたがってそれが言えるようになったのだ。自分はスープみたいな安い料理だけ注文し、皆が残したカレーやら春巻きでお腹いっぱいにする。そうすると皆もだんだん、「タケシ、こっちも残ってるよ。食べる?」と言ってくれるようになる。

皆と距離を置いて一人で空腹を耐えるのではなく、そうやって皆の輪に入りながら節約していくようになった。今考えるとすごくみじめな気がする。だけど、プライドとか体裁なんて関係ない。お腹いっぱい食べて、みんなの輪に入る。それが何より重要だったのだから。

僕が最後の米粒一粒を一生懸命フォークですくって食べる姿を、皆は不思議そうに観察していた。欧米人は「もったいない」という概念がないと聞いていたから、ごはん一粒残さず食べる僕が珍しかったのだと思う。僕がそうやって食べ終わると、なぜか拍手が起きた。

その勢いで、「日本では、食べ物を残すことは作ってくれた人、食べ物の命に対して失礼なことなんだと子供の時から教わるんだよ。お米1粒にも7人の神様がいて、米粒1つ残さず食べるのが当たり前なんだよ。」とありったけの英語力で説明したら、皆真剣に聞いてくれた。そんな皆の姿勢を見ると、自分もこのメンバーの一員なんだと心から思えるようになった。本当は当たり前のことなんだけれど。

そうしてツアーが終わった。「人生とは旅である」と言うけれど、まさに人生のように失敗もあれば、そこから学べる大事な教訓がある。そんな旅だった。もちろんカンボジアという国やツアーのプログラムの良さも挙げたらキリがないが、今回の旅を語る上で大事なキーワードは、「失敗」と「人」だと思う。最低があったからこその最高の旅。最低を最高に持っていってくれたのは、アンコールワットの荘厳な眺めではなく、なによりも「人」だったのだ。

「自分モード」を取り戻すために

この旅からちょうど10年が経っている。この間、僕は大学に進学し、この旅で味わった英語ができない悔しさをバネに必死に語学を勉強した。海外留学も果たして、さまざまな国・地域を訪れ、さらに世界を広げていった。いま振り返っても、18歳で参加した多国籍ツアーは、僕の世界を広げる大きな大きな第一歩だったことは間違いない。

僕も30歳近くになり、「旅に出ろ」と自分よりも若い世代を焚きつける立場になった。この10年でもインターネットは生活により深く入り込み、現地に行かなくても得られる情報は各段に増えた。そんな中で、なぜ旅に出るべきなのか。それは、「自分モード」を取り戻すためだと思う。

いまの時代、インターネットは自分とは異なった生き方、考え方に出会うためのものではなく、むしろ同質性を形成するための息苦しいツールになっているように感じてならない。ＳＮＳの夕イムラインなど、お互いの生活を監視し合うだけで、自分ではない数多の他人に自分の習慣や時間が支配されている。この「他人モード」は、気をつけていてもなかなか抜け出せない。

誰もがスマホを持つこの社会で「他人モード」ではなく「自分モード」を生きるためには、もはや物理的な変化を起こすしかないと思う。普段とは違う人と、遠い場所に行く「旅」こそが、実は一番手っ取り早く「自分モード」を取り戻す手段ではないか。10年前の自分の文章を見て思うのは、恥ずかしいぐらい「自分モード」ということだ。自分の感情を、自分で咀嚼して、自分の言葉で書いている。でも、思いっきり「自分モード」にふりきったこの時の経験が一つの軸となり、今の生き方につながっていることは間違いない。自分モードのスイッチを入れて、かけがえのない人生への糧としてくれた、当時18歳の自分と、そして地球探検隊に、改めてありがとう。

タケシ

旅に出る理由？ そんなこと考えるより今すぐ動こうよ

ここで「旅に出る理由」についてちょっと話したい。

タケシは「自分モードを取り戻すために旅に出るべきだ」と言ってくれた。

旅に出る理由——結論から言えば、それは人それぞれでいいと思う。

俺の友人である高橋歩は、その編著書『自由帳〜くだらない常識を破壊するノート』の中で、次のように言っている。


旅に出る理由？　う〜ん……楽しそうだから。

旅の目的？　う〜ん……楽しむこと。

っていうかさ。行動に理由なんて、いらないでしょ。

やりたいから、やる。行きたいから、行く。

それでも十分オッケー。

大切なのは、胸のトキメキなんだぜ、ベイビー。

頭じゃなくて、身体動かしていこう！


また、P114～で紹介した「まーぼー」は、多国籍ツアーから帰ってから数年後、旅に出る理由について、こんな言葉を送ってきてくれた。


僕がこの旅を通して言いたいことはたった一言である。

「旅に出る理由なんて、なくていい」――この一言に尽きる。意味なんてものは、何年後か何十年後から付いてくる。僕がそうであったように。だから、「行きたい」と思ったら行けばいい。

「お金が…」「英語が…」と行かない理由を並べるのはやめて、心が向くままに動けばいい。行けば、わかる。行けば、知る。本当にそうだった。

やってみない限り、何もわからない。正直、勇気を出した一歩なんて特別にはなかった。気づいたら、半歩飛び出していた。気づいたら、歩き出していた。

気づいたら、走っていた。

きっと、人生なんて、そんなもんだ。

まーぼー

この本は、「旅に出ようよ！」って背中を押すことが目的の一つでもある。だから、歩やまーぼーが言うように、「旅に出るのに理由はいらない」。そう、いちいち行動するのに、理由はいらない。

好奇心や直感に従って動くことは大概正しい。それは自分自身の声に従って動いているからだ。この感性が鈍ってくると周りの声に振り回され、やらなくてもよいことばかりに時間を取られ、気がつかないうちに時間の奴隷になってしまう。要は、自分が本当にやりたいことを、「やるかやらないか」なのだ。

ほとんどの人がやらない、できない理由ばかり考えている。

何度も言う。人生で後悔するのは失敗したことじゃなくて、やらなかったこと。やらないのはもったいない。やってる人は他人にあれこれ言ってる暇はない。あれこれ言うのは、失敗を恐れて何もやらない人だ。だから、言いたい奴には言わせておけ。

失敗ではなく、エジソンのように実験データが一つ加わったくらいに捉えればいい。何よりあなただけのたった一度の人生じゃないか。

「やろうよ！　やらずに死ねるか？」だよ。


日本人同士で旅する大人の修学旅行、「グランドキャニオンを谷底から見上げる！」で唯一の学生だった隊員ゆうこは、旅を終えてこんな感想を綴った。

「なんかもう自分でできないことないんじゃないかな〜って思えました。自分で行くと決めて、最高の決断だったと思うし、自分にも自信がついたような気がしました。今回の旅を通して今までは〝ただ楽しければいい〟が、〝自分で考え気づくことで成長できる旅〟になりました」と。


大人の修学旅行「モンゴル騎馬隊結成」の旅に参加した隊員まりこ。旅を終えて、こんなことを書いてくれた。

「初めての乗馬の初日にギャロップしてたら鐙が外れて、馬がパニックになって暴走して落馬したけれど、落馬して痛みとともに見上げた青空、草原に倒れながら見上げた一瞬の青空がすっごく綺麗で『あぁ、生きてる。生きてるんだなー!』って感じました。怖さも痛みも、生きているから感じる。これからの人生も、苦しみも楽しみも思いっきり感じて、全力で挑戦していこうって思いました。この仲間たちとの出逢いとモンゴルでの日々で、自分の中の『迷い』が『覚悟』に変わりました」。

そして、翌年、まりこは世界一周一人旅を始めることになる。

ゆうこにも、まりこにも2人に共通するのは、心の変化だ。旅を終えたあとに「今日も明日も、また前を向いて生きていける気がする」と言ってくれている。自分で決断してやり切ったあと、自信が生まれ、それが次の行動を生む。それを実感できた人だけが、「やる人」に変わっていくのだと思う。

できそうなことばかりやっていては、ワクワクしないし、そこに自信も生まれない。考えすぎて動けなくなるより、即動こうよ。そこから、また新たな展開が始まっていくのだ。「○○やりたい！」って人も多いけど、せめて「いつまでにやるか？」自問自答して自分で決めようよ。

だから、まーぼーの「いったん飛び込んでしまえば、案外なんとかなることも多い」という言葉に激しく共感する。

いくつになっても、動くたびに、新たな世界を目の当たりにしてる俺。同じ執筆でも、テーマや読者ターゲットを変えて執筆することは、同じように見えて全く違う。ブログも15年書き続けたアメブロをやめて、noteに切り替えただけで、新たな読者と出会う。知らない人から「スキ」をもらえたりフォローされることで、それを実感できる。voicyラジオも様々なジャンルの人と楽しく対談していく中で日々学びがある。

吉川英治の名言、「我以外皆我師（われ以外みなわが師）」を実感している。毎回学びがあって成長するのは、いくつになってもできるのだ。だから、「もう歳だから」なんて諦めないで、未知なる未来に一歩踏み出そうよ。その一歩から思いもしない未来が展開する。自分の人生は自ら切り拓いていこうよ。楽しさは、面倒くさいと思ったことをやるところから生まれるから。

生後7ヵ月の息子を育てながら、日々思う。大人になっても赤ちゃんのような好奇心を持って、なんでもやってみようよ。

やる前から、できないってあきらめるなんて、もったいない。

俺のDramatic Journey

なぜこんなトラブルが……
負けてたまるかよ。俺は旅が好きなんだ！

俺もタケシのように思いっきり海外で騙されたことがある。

25歳で海外放浪一人旅をしていた俺。ギリシャ・アテネのシンタグマ広場を歩いていて、ふとエジプトのピラミッドの立て看板が目に飛び込んできた。オレはエジプトに呼ばれてる！　そう思った。北欧から南下してギリシャにたどり着いた俺はヨーロッパ一人旅に飽きていた。もう旅を始めて2カ月も経っていたからだ。シンタグマ広場の旅行代理店でアテネ~カイロ往復の格安航空券代と、ホテル代とカイロ空港送迎代が含まれる終日フリーのスタイル、いわゆるスケルトンのツアーに申し込んでギリシャを後にした。

ギリシャの居酒屋で数日間ワイワイやっていた旅仲間と別れ、たった一人になって、何の知識も持たないままエジプトに行った俺は、同じ職業の旅行代理店の人から何度も騙されることになる。

謎のミスターDに翻弄されまくった俺

カイロ空港に着くとニヤニヤと近づく男、それがミスターDだった。ニコニコとニヤニヤは天地ほどの違いがある。ホテルに着くと、「フロント、レストラン、ルーム係へのチップは、自分がまとめて払う。あとで精算するから」とミスターDから30ドル請求された。「エジプトはそういう習慣の国だ。そんなことも知らないで君はエジプトに来たのか」と彼に笑われた。おかしいと思いながらも、しぶしぶ払ってしまった。

翌日、部屋に電話があった。「これから一緒にナイトクラブに行かないか？」と。いくらかかるか聞くと「問題ない」と言われ、概算で払っていた30ドルで足りるのだと勝手に思い込んだ。ホテルへ着くと「ナイトクラブは一人100ドルかかる」と言われ、口論になった。当然の如く「そんな金は支払えない」と主張した。30年以上前の話でレストランのパスタが数百円で食べられた時代だ。今よりずっと物価は安かったから、100ドルなんて大金はありえなかった。

するとホテルへ来るまでのガソリン代がかかってるから、30ドル払ってくれないと俺は帰らない」と言い張る。喧嘩っぱやかった俺は相手の胸ぐらをつかむと、ホテルのフロントマン2人に犯罪者のようにホテルの床に押さえつけられ身動きできなくなった。

「なんで、俺がこんな目にあうんだよー！」と思ったら悔しくて涙が頬を伝った。「ホテルのフロントマンやレストランやルーム係のチップとしてお前に払った30ドルは、ちゃんと彼らに支払ったのか？」。そう言うと、不審に思ったのか、フロントマンの2人は俺から手を放しレセプションに戻った。

トラブルは現地係員だけに留まらず、タクシードライバーとの間にもあった。言い値で支払った時、あまりにドライバーが「シメタ！」って顔をしたので、ホテルのフロントマネージャーに聞いてみた。ホテルから、ここここに行ってホテルまで戻って、これくらい（確か当時のレートで1000円くらい）かかったんだけど、正規の金額かと。すると答えは「あなたは倍額支払っている。良いドライバーを紹介します」と言われた。翌日、マネージャーと紹介されたタクシードライバーの3人で前日のドライバーに詰め寄ると、苦し紛れに「今日の分も前払いしてもらったんだ」と言い訳し、すぐに車を走らせどこかへ消えてしまった。

この日は紹介されたドライバーと1日かけてあちこちを見てまわった。キックバックがあるのか、やたらお土産屋につれて行かれたあげく、最初に交渉していた金額を払おうとすると、「1日まわって、コレだけ～」とドライバーの顔つきが変わった。「ブルータス、おまえもか！」状態で、俺はやけくそになって最初に約束した金額より多く支払った。もう、誰も信用できない心理状態になっていた。

悔しさに泣きながら、一人でつくった訴訟状

話を元に戻そう。トラブル続きで心底参っていた俺は「この国では何も良い思い出がない」なんて考えながら、騙した現地係員と一緒に空港に向かいチェックインする段階で気

づいた。パスポートを持っていない、ホテルのセキュリティボックスに預けたままだった。ヤケになった現地係員がホテルへ戻る運転中に、「おまえ、パスポートをホテルに忘れるなんて、バカだろ？　嫌なことは忘れようぜ！　一緒にハシシ（大麻）をやらないか？」と助手席に乗る俺にすすめてきた。「タバコをようやく止めたばかりなのに、大麻が喫えるか」と拒否した。後にも先にもハシシでラリッたドライバーの運転で車に乗ったのはこの時だけだ。強烈な匂いが車内に広がりミスターDのろれつが回らなくなってきた。怖いなんてもんじゃない。「コイツがトリップして事故ったら、俺はエジプトで死ぬのか？そんな死に方はしたくない」って心臓がバクバクしていたのを、昨日のことのように憶えている。

ホテルへ戻ると、ホテルのマネージャーにも呆れられた。

気持ちが凹んでいると悪い方に考えてしまう。「忘れた俺が悪いんだ」と自分を責めていてばかりいた。

夜になって酔っぱらいながら、悔しくて涙がでてきた。夜中、「これでいいのか、おまえ？」って、幽体離脱したかのようにもう一人の自分が言う。「お前が泣き寝入りしたら、今後もお前のような被害者が生まれるかもしれない。同じ職業の人間としてヤツを許せるのか?」って。

俺はふて寝していたベッドからムクッと起き上がると、辞書を引きながら訴訟文らしき手紙を書き始めた。朝イチでホテルのマネージャーに手紙を読んでもらった。「もうエジプトに来て、誰も信じられなくなった。でも、あなただけは信じている。だからあなたに相談する。この手紙、意味わかる?　わかれば彼の旅行会社のトップにアポを取ってほしい」と片言の英語でダメ元で聞くと、「内容はわかった。大変な目にあったんだね。アポも取ろう」と即答してくれた。

旅行会社に着いた。カイロ市内の高層ビルに受付嬢が2人もいる想像をはるかに超えた大きな旅行会社だった。社長と社長秘書の2人に手紙を渡すと、「これは本当か?　なぜハシシとわかったのか?　いったいいくら彼に支払ったのか?」。目を丸くした社長に矢継ぎ早に質問された。

「彼は解雇する。今後、うちの会社名を口外しないことを約束する誓約書を書いてほしい」と言われ、読解はできても誓約書なんて書けないから、あなたが書いたものを一読してサインしたいというと、その場で秘書がタイピングして誓約書を作成した。

そこには、「今後一切、あなたの会社を訴えることはない」と書いてあった。サインすると、「ホテルまで送る車代、今晩の夕食代、追加ホテル代、朝食代、明日の航空券の変更代、それにスタッフへのチップも、あなたがエジプトにいる間、一切支払わなくていい。我が社が支払う。そして、これで忘れてほしい」と、ミスターDに支払った以上の現金を目の前に積まれた。

スタッフがホテルまで送ってくれてドアを開けると、ホテルのフロントマン、レストランのスタッフが2列に並んで拍手で迎えてくれた。旅行会社の社長がフロントマネージャーに伝えたのだとわかった。

25歳の俺に、レスランスタッフの態度が変わった。返事に「Yes sir!（イエッサー）」と、Sir付けで呼び始めたのだ。

「このレストランで一番のおすすめは何か？」と聞くと、「もちろんTボーンステーキです」と言われ、この一人旅で初めて分厚いステーキを食べ、浴びるほどビールを飲んだ。ステラビールが、それまで飲んでいたステラとは違う味に思えた。

パスポートをホテルのセキュリティボックスに忘れたという痛恨のミスを、徹底的に考えて自分にできることをやり切ったことで「災い転じて福となす」ことができたのだ。この経験をした後、何事も最後まであきらめずにダメ元でやる習慣が身についたと思う。

生温かいホットチョコレートが頭の上から

このエジプトの旅で変更された航空券は、カイロからミラノ行しか予約できなかった。アテネに戻る予定が急きょ、ローマ経由でミラノに行くことになった。予定不調和なのが旅。しかも無料で変更できたのだからOKと思っていたが、ミラノでも手痛い経験をすることになる。

カイロを早朝に出てローマ経由でミラノに着いた時、外は真っ暗になっていた。いつものようにホテルの予約は取っていない。でも中央駅に行けば、その周辺には安いホテルをいくらでも見つけられることを経験から知っていた。ところが空港バスに乗って市内で降りると、そこはホテルのない所だった。道行く人に「セントラルステーション（中央駅）はどこですか？」と聞いても英語が通じない。「イタリアって、ここまで英語が通じなかったっけ？」

すると、反対側に数人の男がトイレットペーパーを巻き巻きしながら近づいてきた。俺は思わず笑ってしまった。なんなんだ、この男たち。すると、ヌワァーっと生温かい液体が頭から流れてきた。一瞬、何が起こったのかわからなった。温かい液体は、ホットチョコレートだった。

この当時、アイスクリームを観光客の体につけ、拭くふりをして財布を盗む窃盗事件がヨーロッパで多発していた。何かに集中させている間に財布や荷物を盗む手口だ。そのアイスクリームが俺の場合、ホットチョコレートだったのだ。

暗闇で人通りの少ない路上で、数人の男たちにアッという間に囲まれた。ビルの上のほうを指さして、「あそこの窓から落ちてきたみたいだよ」と言う。荷物を置いて汚れた服を拭いていると、窃盗団の2人がトイレットペーパーで拭くふりをしつつ、俺の内ポケットに手を伸ばしてきた。空手の受け技で相手の手を払いながら視線を荷物に戻すと、今度は別の2人が俺の荷物を掴もうとしていた。ほぼ瞬間の出来事なのに、なぜかスローモーションのように憶えている。

日本語でありったけの怒鳴り声で、「シバくぞ!! コラぁ〜」と思わず関西弁が出てきて大声で叫ぶと、その「気」に全員が怯み一斉に逃げた。とっさの時、英語のI'll kick your a○○とか、Fu○○ youなんて汚い英語は出てこなかった。怒りで身体が震え本気で殴ろうと思った。

先頭にいた男が俺とすれ違いざまにコートのポケットに隠していた紙コップに入ったホットチョコレートを背後から俺の頭のテッペンにかけたのだと思う。先頭の男を入れて全部で5人。あのとき乱闘になっていたら間違いなく大怪我をしていたし、傷害事件になっていたと思う。怪我もなく命も取られることなく何も盗まれなかったのが不幸中の幸いと思い込もうとしたが、「昨日の晩、真冬に乾きにくい厚手のシャツを手洗いして、部屋のストーブで時間をかけて、ようやく乾かしたのに真っ白なシャツがホットチョコレートで真っ黒だ。なんだ、この甘い匂いは、余計には腹が立つ……」と悔しくて眠れなかった。

気持ちと体は直結している。何があっても、良い部分にフォーカスし、自分を客観視してダサい自分を笑い飛ばそうと思った。悪いことにフォーカスすると、精神的ダメージも大きくなって旅が続けられなくなる。実際、ミラノの件のあと、スイス経由でフランスに入国するまでの数日間、ひどい下痢で死ぬ思いをした。だから「コレもありだね、日本じゃないから」と、心のストライクゾーンを拡げることにした。

また、こういうトラブルが起きた時は、「あいつら、このヤロー」と他人に意識が行きがちだが、「原因は俺にある」と思えるかどうかが大事だと思う。早朝、2日酔いでカイロを出発し、ミラノに到着した時は、「とにかく早くベッドに横になりたい」としか考えていなかった。初めて訪れたミラノだったのに、長旅で気が緩み心にスキがあったのだ。スリ集団にとってカモに見えた俺が悪い。そんな油断に気づかせてくれたのがホットチョコレートなのだ――そうポジティブに捉えたら、その後の旅でスリ集団に目を付けられることはなかった。

日本帰国後も何か問題が起きたら、自分に原因があると覚悟を決めると、不思議と問題は起こらなかった。問題を誰かのせいにすればするほど、問題は大きくなり負の連鎖となるのだ。

トラブルの経験値が上がっていくと、どんなにカッコ悪いことが起きても、ダメな自分を認める自己受容ができるように自分が変わっていった。どんな状況でも、そこに楽しみを見出し、笑える自分がいる。失敗はネタと、笑えば笑うほど免疫力がアップするのを実感した。この感覚は、日常でも人生でも、大いに役に立っている。

「気」を込めれば言葉なんて関係ない？

また、こんなこともあった。ドイツ・ケルンを一人旅している時、ホームレスの男女の子ども2人が呪文のように何かを小声でしゃべりながら近づいてきたことがあった。つい、聴こうとしてしまい「何？」って、俺は立ち止った。すると、男の子が飛びかかってきた。どうやら貴重品の入ったウエストポーチを盗もうとしたらしい。瞬時に身体が反応して、男の子を受け身で叩き落とした。2人はすぐに走って逃げて行った。

世界には小さい頃から、窃盗することしか教わっていない子どもがいた。アメリカ国境沿いのメキシコ・ティファナでも、数十メートル先で親が何か子供に指示しているのが見えた。近づいた男の子がウエストバッグに飛びかかってきたので、やっぱり腕で叩き落とした。

4年前に亡くなった妻、礼子と初めて海外に行ったイタリア・ローマでも、コロッセオの帰り道で、子供たちが一斉に動き出した時、リーダー格の一番背の大きな少年に、日本語で「近づくな！」と一喝したら、全員が座り込んで近づいてこなかったこともあった。

まだ喧嘩で負け知らずのオマセなガキだった俺が小学5年生の頃、埼玉県の田舎に住んでいた俺は森で数頭の野犬に囲まれたことがあった。当時は近所に野良犬だらけだった時代。そのときも、リーダー格のボス犬と思われる先頭の犬を睨んで大声を上げた。その犬が逃げると、すべての犬が逃げたことがあった。「気」は犬にも通じるみたいだ。今思うと、野良犬に噛まれないで良かった。「狂犬病」になっていたかもしれない。無知というのは怖いし、強いね〜。

イタリアでは、こんなこともあった。一人旅をしていた時、コロッセオが見える路上で、「ヘルプ！」と叫んでいる身なりのいい欧米人の家族4人がいたので、たまたま知り合った日本人と駆けて近づくと、10人ほどの子供たちに囲まれ、全員の財布が盗まれていた。「盗んでないよ」と裸になる子も数人いた。アッという間の出来事にお母さんは「スネークし」と罵っていたが後の祭り。この時、周りの人が誰も助けないで見て見ぬふりをしていたことにショックを受けた。その経験があったからこそ、半径1メートル以内に近づけてはいけないと学んだ。だから、前妻と歩いていた時も、動き出した瞬間、出鼻をくじかせる大声をあげることができたのだ。

危険を未然に防ぐことができるようになったのも、そんな経験からだ。

隊員マサミツのDramatic Journey

どんな生き方でもありなんだ！新しい生き方を見つけることができた。

エクスプローラの22年の歴史の中でも、多国籍ツアーにもっともハマり、最多参加を誇る隊員マサミツ。各界で活躍する隊員の1人だ。彼は、一部上場の超優良企業に就職するも、退職して世界一周を経験して、帰国後、京都でゲストハウスをつくった。外国人に人気の宿として確固たる地位を築くが、今、コロナショックをモロに受け、大ピンチだ。この時期の京都は本来、花見客で賑わい、ゴールデンウィークの予約までいっぱいなはずの宿泊業。キャンセルの嵐になって損失は計り知れない。そんな彼に、これまでの旅について書いてもらった。

私は、計20回以上の多国籍ツアーに参加し、総日数370日以上、250人以上の海外の方と旅をした。その中で、リーダーの生き方に刺激を受け、さまざまな国籍、年齢、職業の人たちと旅をした。それにより、「どんな生き方でもありなんだ！」と身をもって体感できたこと。自分が変わったというよりも、いろんな人たちをみて、型にはまる必要などないのだ、とアタマではなく、カラダで理解できた。

現地発着ツアーを日本でもやってみたいという想いから、ビジネスプランコンテストで準優勝し、いつか起業しよう！と決意。大学を出て、一部上場の超優良企業に入ったが、20代で世界一周をすると決めていた。周囲から大反対されたが、多国籍ツアーの経験のおかげで、どんな道を選んでもいい！と自分を信じれた。11ヵ月の世界一周を終え、帰国後は、ゲストハウスを作り、日本の魅力を海外に伝えようと決めていた。

土地、建物が見つからず、結局、京都が本社の会社にいったん就職し、香港にも3年駐在した。そこで、外から日本を眺め、やはり、ゲストハウスをやりたいと再確認。帰国後、京都に土地を購入、新築で「FUJI-TAYA KYOTO」ゲストハウスを作り、半年でトリップアドバイザー京都一位に。トライアスロンをはじめたこと、妻がヨガのインストラクターであったことから、ウェルネスを意識したFUJI-TAYABnB をオープン。こちらもトリップアドバイザーのB&Bカテゴリーで京都一位を獲得。

多国籍ツアーへの参加により、さまざまな生き方をしている人と出会い、刺激を受けた。今後もいろんな人に出会いたい。かつ、日本の魅力を伝えたい！　その思いが、今の「世界中のゲストを京都で迎え、日本の魅力を伝え、日本を共に味わいつくす」ことにつながっています。学生時代に、多国籍ツアーに参加していなかったら、今頃全く異なる人生を歩んでいたはず。

大きな気づきときっかけと勇気を与えてくれた地球探検隊に感謝しています。

マサミツ

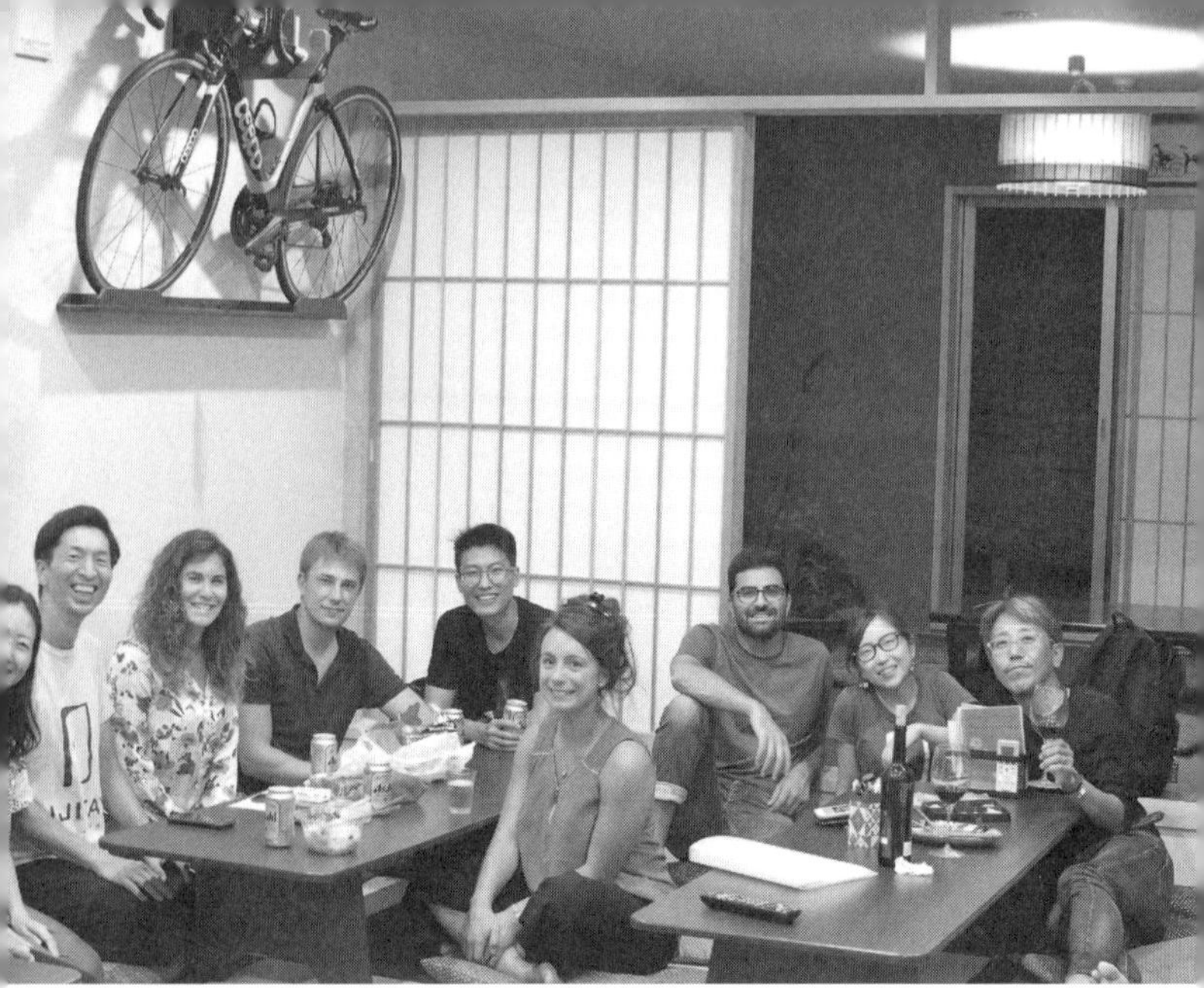
FUJITAYA

FUJITAYA

UJITAYA
KYOTO
FUJITAYA
KYOTO

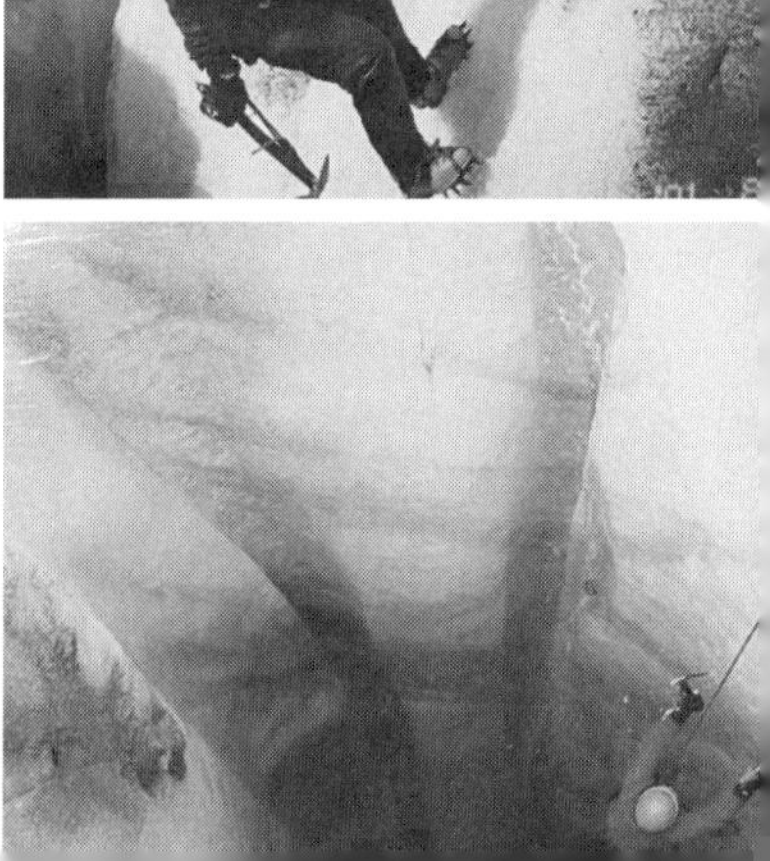

彼は、このピンチをチャンスに変えられるか、マサミツの未来を静観していきたい。ちなみに16歳年下の隊員マサミツには、うちの息子と同級生の息子がいる。いつか、コロナウイルス蔓延が終息したら、マサミツの宿で、「令和元年ベビー大集合」や「この本に掲載された隊員、大集合！」みたいな交流会を開催することも、俺の夢に加わった。

この世界大転換をしている時代、おそらく人類が遭遇もしなかった誰もが先の見えない生活に突入している。

そんな時、「何がもっとも大切なのか？」。俺は思う。変容を受け取る力だと。

今日は昨日の延長ではなく、まったく新しい日だということをそれぞれが認識すること。学生時代に多国籍ツアーを経験し、世界中の人と接し、「型にはまる必要などない」と皮膚感覚で知ったマサミツなら、どんどん時代の変化を受入れ、宿泊業という枠にはまらない生き方をしていくのだろう。

旅をして毎日のように「初めて」に直面し、それに失敗しても果敢に挑戦して経験値を上げていったことのある人間は強い。人生の大きな失敗を経験して生き死にを考えたことのある人間は、さらに強い。俺は何度も地獄を見た。だから今の状況に不安はない。自分ではどうにもならないことを、いつもなんとかしてきたから、これからも何とかするんだろうなと思っている。

また、こんな時代だからこそ、誰もが「受け取ることよりも与えること」を考えていけば、道は開けていくと思う。自分自身の人生を振り返ってみても、上手くいかないときは「Give」より「Take」を考えた時だった。

では、「Give」とは具体的にどんなことか。

たとえば、誰かのそばにいること。それも「Give」だと思う。

俺は、どん底の時、そばにいてくれる人がいるだけで、どれだけありがたかったかを知っている。

俺がとてつもなく厳しい状況に置かれていた時に、妻と一緒に会社のボランティアスタッフをやってくれた友人が先日自宅に遊びに来てくれた。

当時を振り返って、友人はこう言った。

「アタシはただ、隊長のそばにいることしかできなかった」

この友人はゲイである。ニックネームは「会長」。2年ぶりに再会して、直接「あの時は本当にありがとう」って言えた。

18歳でカミングアウトするまでとことん悩みぬいた会長。「今の隊長に必要なのは自分を抱きしめてあげることよ」って言われた言葉にどれだけ救われたか。

これからは、こういう一対一の深い関係がどれだけできるかが「幸福度」の違いになってくると思う。誰もがもっともそばにいる身近な家族と仲間と自分と、どう向き合って生きるかが問われているのだ。

典型的な仕事人間だった俺が、58歳で息子を授かったことで生活が劇的に変わった。妻がパートに出ている中、育児と家事をする「主夫」になって、その合間に仕事をする生活になったのだ。生活環境の変化を受入れ、自分自身、変容しているのを実感している。

Shout 5

感性を呼び覚ます旅 それがドラマチックジャーニーだ

Dramatic Journey Polish Your Sensitivity.

世界中を旅して、
世界は美しい、地球は美しい星と思えた。
そして、そこにはいつも感動を分かち合う人がいた。

世界で最も美しいのは、
人を想う心なのかもしれない。
世界で出会った輝く笑顔が一番、美しい思い出だ。

「中村隊長」こと中村伸一

涙が流れるほどの美しい風景に心はひとつになっていく。

俺が今、一番行ってみたいと思っているアフリカ・ナミビア。モロッコのサハラ砂漠は何度か行っているが、アフリカを縦断した隊員たちが、アフリカでベストだったと指摘するのが、「ナミブ砂漠」なのだ。

約10年前、ナミブ砂漠を含むアフリカの旅（南アフリカ→ナミビア→ボツワナ→ザンビア→ジンバブエ、のアフリカ大陸五カ国縦断ルート）に卒業旅行で行った隊員しげが、今、思うことも含めてレポートを送ってくれた。

隊員シゲのDramatic Journey

卒業旅行、アフリカの川で溺死寸前！

〈なぜツアーに参加しようと思ったのか〉

隊長からトレックアメリカでの体験話を聞いた中で、今でも覚えている話があります。「メンバーと一緒に料理をしている時、隊長が担当を途中で嫁さんにバトンタッチした時にブーイングされた話」「マウンテンバイクで最後まで完走した時に拍手喝采された話」。多国籍ツアーでないと体験できない文化や経験があることに興味がわき、いつかは行ってみたいとずっと思っており卒業のタイミングで行くことを決意しました。

〈旅の最中に感じたこと、考えたこと〉

旅の最中にたくさんの災難やトラブルにあいましたが、大人の修学旅行と同じように、自分から率先して楽しむことでメンバーとも最高の時間を作っていけたと思います。

(1)ロストバゲッジ

ヨハネスブルグ空港にて乗換時にロストバゲッジしていることに気付く。受付にて、つたない英語で状況を説明し、次の飛行機変更及びロストバゲッジの手続きを行っていただいた。数日間は〝カメラ、パスポート、サイフ、地球の歩き方、メガネ、読書本、電子辞書、携帯〟のみで過ごしました。ツアー参加者がバスタオルをプレゼントしてくださりました。

(2)英語でうまくコミュニケーションを取れない悔しさ

参加者はヨーロッパ系の人たちばかりで、英語のスピードがかなり速いです。そのため、なかなか会話に入り込むことが出来ませんでした。初めはこんな私がチームに溶け込むことが出来ずチームの一人で申し訳ない、もっと英語が話せたらほかのチームメンバーも楽しむことが出来たのにと考えていましたが(3)の出来事後からはそんなことも考えなくなりました。

(3)川で溺死寸前

幼稚園から中学まで水泳をやっていたため、溺れるなんて考えたこともありませんでした。しかし、アフリカの川は深くて流れもそこそこ急でした。川岸に戻ってくるも、水草が生えており足に絡まり陸に上がれませんでした。渾身のＨＥＬＰを叫び、ツアー参加者とツアーリーダーに助けられ一命を取り留めました。なかなか会話が出来なく、メンバーとの疎外感を勝手に感じていた中だったため、申し訳ない気持ちでいっぱいになりました。しかし、落ち込んで空気を暗くするのは良くないと考え、この後からはより一層積極的に明るくチームに溶け込んでいきました。

(4)感謝の気持ちを英語で伝えられない歯がゆさ

英語で円滑なコミュニケーションをとることが出来なかったため、毎晩テントの中で電子辞書を使いながら感謝の言葉を考えていました。普段の会話に入ることが出来ない以上に感謝の気持ちを相手に伝えられないことが辛かったです。しかし、徐々に感謝の気持ちを伝えられるようになり、私と話すときはゆっくり話してくださるメンバーも出てきました。

(5)日本人としての屈辱（日本人より日本のことをよく知っているイギリス人）

メンバーの一人が日本住まいのイギリス人（以下、ピーター）でした。ピーターは日本のことが大好きで、日本人妻と一緒に日本に住んでいます（残念ながら日本語はまったくしゃべれません）。現地にて、日本のことを聞かれた際に英語でうまくしゃべれないところをピーターは流暢に説明してくれます。しかも、歌舞伎や能についても詳しく、現地の人に説明していました。日本人の私以上に熱血に説明しており、日本人として大変恥ずかしくなりました。自国の文化について知っていることは常識であるべきであると改めて感じさせられました。

(6)旅先での寝袋のプレゼント

寝袋を持っていかなかったのですが、旅先で出会った人に寝袋をプレゼントして頂きました。この方がいなければ確実に毎晩凍えて寝ることもできませんでした。大変感謝しております。旅先での出会いに感謝！

(7)感動の景色に言葉の壁はない

英語でうまく感謝の気持ちやコミュニケーションをとることが出来なくても、感動したことに関しては共感のみで心を通じ合うことが出来ました。こういったことは、日本人同士でも同じであるはずであると感じました。感動が共感を呼ぶとはまさにこのことですね。

(8)ツアー最後に自然と出た涙

ツアーが終わり、みんなと別れの時に号泣していました。みんなの前ではこらえていましたが、一人で泣いていました。この旅を終えると会える機会がないと思うと悲しくなり、感情が一気に溢れてしまいました。この時初めて号泣するほど別れを惜しむ仲間として旅が出来ていたんだと認識しました。コミュニケーションをうまくとることが出来なくても、気持ちは通じている。気持ちを言葉にすることは大事だけど、それ以上に心の底から感謝の気持ちを持っていることの方が数倍大切であるとも感じました。そうでなければあの涙はなかったと思います。

〈旅が終わってから、自分の中で変わったこと〉

日本の文化や歴史、政治などに興味を持って勉強するようになりました。

メンバーの１人がイギリス人だったのですが、私以上に日本のことをよく知っていて驚きました。歌舞伎、能などの日本文化や今の政治情勢など、私の方が知らないことが多く、とても恥ずかしくなりました。

他の国々の参加者も自国のことを話されていて、母国のことをよく知っていることが常識であることを知りました。旅が終えてから今でも教養を深めるための時間は作るようにしています。

宗教の話をされることもスタンダードであることに驚きました。

食べ物を粗末にしてはいけない、「いただきます」「ごちそうさま」の意味を伝えると他国の人は関心を持たれており、仏教に近い考えであることを初めて知りました。食べ物の考え方は他の国の人も同じだと思っていたので、私としては驚きでした。

海外から帰ってくるとやっぱり日本が好きだなぁと、日本の素晴らしいところを再認識するのですが、アフリカの多国籍ツアーではそれが著明でした。今回の旅を終えたら新社会人になるタイミングでもあったので、社会人になってからは日本の発展に少しでも寄与出来る仕事をしていきたいと強く思うようになりました。もちろん、それは今も変わらない気持ちで仕事に励んでおります。仕事をしていく際の私の中での大きな基軸となっています。

しげ

この隊員しげの言葉にある「感動の景色に言葉の壁はない」。これは俺自身、何度も経験した。

多国籍ツアーで忘れられない風景は、たくさんある。同じものを見るのでも、そのアプローチの仕方やプロセスで、見える風景はまったく違う。

たとえばグランドキャニオンに到着した時、リーダー以外が全員目隠しをすることになった。目隠しをしていないリーダーが先頭に立ち、参加者がムカデのように前の人の肩だけを頼りに歩くこと10分。「はい、目隠しをとって」のリーダーの合図で目隠しをとると、そこにはグランドキャニオンの壮大な風景が突然に現れた。何度も行っている場所が、まったく違って見えたのだ。

アメリカ西部アーチーズ国立公園のデリケートアーチに行った時、日が暮れてヘッドライトを頼りにトレッキングコースを登っていく。壁の前で、「全員、ヘッドライトを消して！」とリーダーに言われて壁の向こう側に行くと、そこには、夕陽に照らされたデリケートアーチが浮かび上がっていた。この頃は、まだデジカメよりも、フィルムカメラが主流だった時代。この時ほど「一眼レフのカメラを持っていれば」と思ったことはない。

綺麗な写真には残せなかったが、心のシャッターを切った。亡くなった妻と見た忘れられない光景は、今も大切な思い出となっている。

あるツアーのとき、それを隊員に話すと、同じようにしてみようということになった。あの時と同じようにヘッドライトをつけたまま登り、デリケートアーチの壁手前でライトを消して壁の向こう側を見た。月明かりで照らされたデリケートアーチが見えて、シーンと静まり返った空間で、参加者の何人かが、すすり泣きをしていた。

60歳の「おかあさん」のチャレンジ

日本人同士で行く「大人の修学旅行」でも忘れられない風景がある。

まっ先に思い出すのが南米ペルー・インカトレイル。今でもインカ帝国時代に飛脚が走ったといわれるインカ道が残っている。アンデス世界では文字の記録がない。何かを伝えるために飛脚が走った距離は1日140㎞とも250㎞とも伝えられている。そのインカ道を歩いて空中都市「マチュピチュ」を目指し、「太陽の門」から朝日を浴びたマチュピチュを見る旅をした。全長44㎞、3泊4日かけて歩くインカトレイルの難関は2日目の標高4215mの峠越え、デッドウーマンズポイント。標高4000m付近は高山病になる隊員が後を絶たない。

その旅で忘れられないエピソードが2つある。

1つは「おかあさん」の話。30代の女子隊員かよが、母にマチュピチュの旅をプレゼントした。「おかあさん、前からマチュピチュに行きたいって言ってたよね」と。ところが、母親が44㎞を3泊4日で歩く旅と知ったのは出発1週間前のことだった。「普段、運動らしい運動もしてない60歳になる私には絶対に無理!」と、娘に言っていた。しぶしぶクスコにやってきた母親に俺も伝えた。

「山岳ガイドが最後尾についているから、安心して、自分のペースでゆっくり歩いてください。一歩一歩前進していたら、必ずゴールできますから。だから、多くの人が登山にハマるんです。どんなに時間がかかっても一歩ずつ足を踏み出していけば必ずゴールできますから」と。かよの母親のニックネームは「おかあさん」になった。みんなのおかあさんになった。

「太陽の門」をくぐると、濃霧でマチュピチュが見えない。ところが、神のギフトか……そのがんばりを祝福するように風が吹いてきて、一気に霧が晴れたのだ。その瞬間、おかあさんは号泣。娘のかよもたまらず泣いた。俺たちは、思わずもらい泣きした。毎回思う。「今回は心震える、どんなドラマが待っているんだろう」と。やっぱり旅の感動は人が創る。

「いつか」ではなく「今」に賭けた女性

もう一つは、ある50代の女性の話。夢だったインカトレッキングを足の骨折で一度は諦めたと言っていた女性がいた。22歳、24歳、26歳の3人のママでもある隊員、馬場ちゃん。前年骨折をして6ヵ月間の松葉杖生活をして考え方が変わったという。「やれるときに何でもやってやろう」と思ったのが、この旅に申し込んだ理由。「いつか」じゃなくて「今」、そんな思いが強くなったらしい。登山が趣味だった彼女は、苦しいリハビリをして念願叶って、ようやくここに来られたと自己紹介した。その足取りは軽快で、いつも先頭を歩いていた。

4日目、まだ暗いうちからキャンプ場のテントから出てマチュピチュを目指すのは、朝日に照らされたマチュピチュを見るためだ。やがて、太陽の門をくぐって、光を注がれて輝く神々しいマチュピチュが、その全貌を現したとき、馬場ちゃんの頬は涙に濡れていた。その涙を見た時、リハビリを実際に見たわけではないのに、リハビリの様子が見えた気がした。気がついたら、馬場ちゃんと先頭集団にいた俺、中盤を歩いていた隊員ばんちゃんと連鎖して全員がお互いの健闘を称え合ってハグして泣いていた……。

馬場ちゃんが後に語ってくれた。

「とにかく登りは息があがり、足が重くてしんどかった……けど、太陽の門をでた瞬間、すべて忘れた！　言葉にできない……なんで涙がこぼれるのか……こみあげてくる感動でいっぱい！　この旅の選択はまちがいなかった！　みんなに感謝です！　ありがとう！」と。

そして、この旅で高山病の症状が出た隊員みかが山岳ガイドと最後尾で歩いて来て、ようやく2日目の最高標高4215m地点にたどり着いた時、全員が拍手で迎えて、みんなで泣いてハグしたことも良い思い出だ。日に日に素敵な仲間、良いチームになっていった。だから、インカトレッキングのゴール地点でツアーリーダーが冷えたシャンパンを用意していて、みんなで「We made it !(やったー)」と乾杯した時は、旨かったなー、シャンパン。

ちなみに南米ペルーの街クスコの地ビール、CUSQUENA(クスケーニャ)にもハマった。あまり知られていないが意外とワインもいける。そしてアルコール度数が40度前後ある蒸留酒ピスコとピスコサワーもずいぶん飲んだ。

インカトレイルの起点となるクスコの街の標高は3399m、マチュピチュの標高は2400m。だから、クスコについたばかりの時は、空気が薄いのを感じて、ほとんどの人がビールさえ飲まない。初日からビールを注文するのは俺くらいだ。一度、「隊長、一人で飲んでいるのはかわいそうだから、私もつきあうね」と言った女子隊員が、具合が悪くなって寝込んでしまったことがあった。

ところが人間の高度順応はスゴイ。3泊4日のインカトレイルを終えて、再びクスコの街に戻ると、ガンガン祝い酒で乾杯し高揚感に満たされ、クラブでみんなサルサを踊っていた。そして、ペルー料理も有名なセビーチェをはじめ、パクチーソースでラム肉を煮込んだ料理、野菜とチキンのスープなどのクスコ料理も含めて世界でも「うまい！」と思う日本人の口に合う料理ばかりだ。

電車とバスで乗り継いだら、誰でも簡単にマチュピチュに行ける。でも、楽して見たマチュピチュと3泊4日44㎞歩いて見たマチュピチュは同じには見えないと思う。冒険の末、たどり着いたマチュピチュの発見者ハイラム・ビンガムと同じような気持ちを味わえるのではないだろうか。楽ばっかしてたら、そこに感動はない。便利になった、こんな時代だからこそ、ゆっくり歩いて、仲間と一緒に感動を共有して旅の醍醐味を味わい尽くしたい。

グランドキャニオン・ブライトエンジェルトレイル1日約20㎞トレッキングはじめ、アメリカ西部国立公園群の数々のトレイルコース、東南アジア最高峰キナバル山（4095m）、アフリカ大陸最高峰キリマンジャロ山（5895m）、東京・明大前から富士山登頂（3776m）、屋久島で2番目に古い地元の人でさえ知られていない大和杉までのトレッキングなど……。

世界中のトレイルを歩いてきたが、トレッキングコースとしてマイベストは、ココ。南米ペルーのレイヤーズトレック。テントで2泊3日、最高標高は4800m。世界的には南米ペルー・インカトレイルよりも知られていないが、途中の風景が「桃源郷」と思えるくらい素敵なのだ。とにかく他に登山客がいない静寂がいい。川好きな俺としては、川沿いのコースの中、せせらぎの音を聞きながら、ちょっとだけ点在する村々を歩くのも気持ちよかった。

※「大人の修学旅行」で訪れた美しい風景動画
・大学生のみで行った旅で貸切ったジープ島（2015）
https://youtu.be/FJhndyvYKws
・ユーコン川160キロメートルの川下りの旅（2014）
https://youtu.be/HHLeJ4t4E8E

隊員MakoのDramatic Journey

4800m登頂☆〜旅というもの〜

独特の感性の持ち主、隊員Makoの体験レポートをシェアしたい。「なんでみんな海外いきたがるん?」。Makoの中で答えが明確になったようだ。

Rares Trekkingしてきました！@ペルー。アンデス山脈をひたすら登る、登る、その高さなんと4800m！ 聞いてたよりもたけーよ！w（￣▽￣）と思いつつ、素敵な仲間とスタッフのおかげでさくさく登頂♪そして景色がこれまた素晴らしい！！！！！！！！ 絶景！！！！！！！！！ やー、死ぬ前に見れてよかった。。♡あとね、星空も凄かったよ！ 星多ーーーっ！！wてなった（＾＿＾）♡あたり一面きっらきらで、これがまた星が大きいのなんの。天の川とか余裕！ 流れ星も見ちゃった！ ラッキー♪（流れ星が分かりやすい！ そして長い！ シュッじゃなくてシューーーンッくらい）

道なき道を歩いたり、川飛び越えたり、野犬に絡まれたり、断崖絶壁を歩いたり、これぞまさにアドベンチャー！！！　日本の旅行代理店じゃそりゃ無理だろうなって感じ。

個人的に滝がとっても好きなので、ごうごうすぐ隣を滝が流れ落ちるのが高まりました。てへ、登山後のビールがしみる。

初めてのテント泊！　ヘッドライトの重要性を知る。何も見えねえええええ足湯が最高に気持ち良かった（ほんとは違う用途なんだけど）。

マチュピチュもサンゲートまでノリで歩いたら死ぬかと思ったよ！　綺麗だったよ。インカ帝国かっこよすぎ！　古代文明。ただスペイン軍VSインカ帝国で銃に対して投石で闘うとかなんかこう、かわいいなと。☆

旅というものは初めてしたんですけど、いいね！　旅行より好きかもしんない。

正直今まで「旅と旅行のちがいってなんなん？」「なんでみんな海外いきたがるん？」って思ってた。

駄菓子菓子、今回を通して感じたのは、ズバリ〝旅 is 感性高まるん〟。五感が研ぎ澄まされるんですよね！　生きるしかないから、やるしかないから、意外と人間の底力が出る。途中、潔癖とか言ってる場合じゃねえええ(;゜ロ゜)ってなった。判断力もつくかなー。あと個人的にシックスセンスも磨きがかかると思料。にやり。つまり、意外となんとかなる!

異文化体験も面白かった! 欲を言えばもっと若い時にしたかったー! 色んな人がいるんだなあと随所で感じると共に、「みんなちがってみんないい」とか「言葉を超えて違いを受け入れる」ことの難しさを知った。同じ人間なのに不思議だなーって思うしおもろいなーって思うけど、の点ではまだまだ修業が足りないと思料。

そして海外を通して日本がより好きになった。ラブJAPAN!!! ♡ 醤油が恋しい。あとはもうちょっと言葉覚えます。オール英語やったけど、片言でもなんとかなるね! スペイン語は皆無。大いに反省。

クスコをフラフラしてたら途中世界一周中の侍2人に会った! お互いさっき会ったらしいんだけど、なんかヒッピーな感じでイカしてた!! かっこいいー。☆

今回、地球探検隊を通しRares Trekkingという素敵なイベントに参加することができました。中村隊長をはじめ、共に旅をすることができたメンバーの皆様には大変感謝をすると共に、顔も知らないのにこんなに仲良くなれて、とても幸せです。この出会いは必然だと確信しています。

この出会いに感謝し、そしてこれからもよろしくお願いします。隊長、ありがとう！

Mako

一生忘れることができない仲間たちと見た奇跡の光景

他にも、忘れられない脳裏に刻み込まれた風景は、ここに書ききれないくらいある。

アメリカ西部モニュメントバレーで、ナバホ族の伝統的な住居ホーガンに泊まる予定だったのに、外にブルーシートを敷き詰め寝袋にくるまりながら見た満天の星空。

登山で4000m級の山々を登っても山でバテたことのない俺が、初めて高山病に苦しめられながら、眠くて一歩踏み出すのに苦労して登ったアフリカ大陸最高峰5895mのキリマンジャロの頂上で見た氷河の美しさ。

ケニア・タンザニアサファリで元旦に熱気球に乗って、上空から見た初日の出。

トルコのカッパドキアで、熱気球を終えた後、みんなでグラスを高々と上げて祝杯した黄金に輝くシャンパングラス。

東南アジア最高峰4095mキナバル山で目線よりも下に見えた星空と流れ星。

オーストラリア・ノーザンテリトリーのブッシュキャンプで野糞をしながら見た朝日。

モロッコ・サハラ砂漠で見た砂丘を照らした夕陽。

南米ボリビア・ウユニ塩湖で朝日ツアーに参加。刻々と変わっていく光景。まだ真っ暗な中、市内ホテルを出発し、塩湖に向かう途中に車のサンルーフから見た流れ星、湖面に映った星空、朝日にピンクに染まる空、そして青空と白い雲の天空の鏡。

カナダ・ユーコン川カヌーの旅で丘の上から見た紅葉・黄葉の広大な山々と川のコントラスト。焚火をしながら上空を踊るオーロラと真っ暗な中、漕ぎ出したカヌーから見た川面に緑色に映ったオーロラ。

ミクロネシアの無人島ジープ島で見たダブルレインボーとナイトレインボー（ムーンボウ）、そして、月の出と月の入り。

アラスカ・赤いオーロラ大爆発現象で隊員たちから「ありがとう！」と言われ、一緒に泣いた夜……


世界中を旅して、世界は美しい、地球は美しい星と思えた。

そして、そこには、いつも感動を分かち合う人がいた。

直近で行った海外は、フィリピン・ドゥマゲテ。フィリピン最大級NGO団体（Gawad kalinga）と出会い、最貧困層と呼ばれる人たちの村に3日間ホームステイした。800時間の建設ボランティアを経て、ようやく手に入れた小さな家に、村人全体が家族のように、幸せいっぱいの笑顔で暮らしていた。特に子供たちの輝く瞳が忘れられない。そして、一緒に旅した中川ファミリーの笑顔も忘れられない。

世界で最も美しいのは、人を想う心なのかもしれない。

世界で出会った輝く笑顔が一番、美しい思い出だ。


何でも簡単に手に入り、どこでも楽に行ける便利な時代になった。

だから、恋愛と同じで、ゴールよりも、そのプロセスを楽しむことは、今後もっと重要になっていくと思う。

スピードよりも、プロセスをじっくり味わう心の余裕がほしいね。


命の輝きを見ようよ、命のメッセージを聞こうよ。

それは、見ようとしないと見えないいし、聞こうとしないと聞こえない。
たとえば、近所の公園に咲く名前もわからない小さな花を見て、「奇麗だな、美しく生きてるな」って思う気持ち。
感性が磨かれてないと、それを感じ取ることができない。
感性は、圧倒的な風景や人に感動することからしか磨かれないのだ。

Shout 6

マイナスをプラスに変える旅 それがドラマチックジャーニーだ

Dramatic Journey Change Minus to Plus.

人は過去に見聞きしたものからしか
世界を構築できない。
従って、画一的な世界で生きていれば、
画一的な世界しか想像（創造）できず、
人生はどんどん閉じていくことになる。

それは困る！　ということであれば、
積極的に外に出て、
異なる世界を見て回る必要があるだろう。

それら世界像の組み合わせによって、
自身の目指す世界も徐々に明確化されてくる。

そうやって内面に形成された世界は、
やがて内側から外側へと世界の拡張を
もたらしてくれることとなるのである。

鮒谷周史　メルマガ「平成進化論」より

3度の大事故――旅と仲間がプラスの力に変えてくれた。

22年間旅行会社を経営してきた中で、起きてはならない事故を3回起こしてしまった。明らかにマイナスな出来事だったが、多くの仲間たちのおかげで、ともすればマイナスに傾きかけそうな俺の心を、前向きなプラスな気持ちに変えることができた。

旅を通してつながった仲間がいたからこそ、マイナスをプラスに変えることができたのだ。旅にはそんな効用がある。

メキシコで隊員がトラックから落下

1回目は2005年5月のメキシコでの洞窟探検（ケーブシュノーケリング）。なんと10年前の1996年に探検家ジェームズ・クックによって発見されたばかりの世界最長の洞窟。

その洞窟内でシュノーケリングを楽しむオプショナルアクティビティ。1つのシュノーケリングを終えて、もう1つの洞窟に向かう途中、その事故は起きた。

改造トラックの荷台、最後尾のステップに乗っていた隊員かりほとマサミツの2人がはしゃぎ過ぎて体重をかけると、荷台に溶接されたバーがポッキリと折れて、2人ともトラックから落ちてしまったのだ。

ここは灼熱のジャングルのど真ん中。かりほは頭を深く切って出血。慌てた隊員たちがドライバーに向かって「救急車呼んで！」と日本語で叫ぶが、日本語を理解できるわけがない。現地メキシコ人の若いドライバーは「何を言ってるんだ？　僕はどうしたら、いいんだよ」と泣きそうな顔してパニクっている。俺が「救急車呼ぶより、このトラックで、ゆっくりオフィスに行くほうが速い。みんなトラックに乗って！」と言うと全員が素早くトラックに乗り込んだ。

そして、誰かが「止血するモノ、何かない？」と叫んだ。俺たちは全員水着姿だったのだ。そのとき隊員ハイジが機転を利かせて、「隊長、コレ使ってください！」と、自分の胸パットをはぎ取って俺に渡す。胸パットを渡された瞬間、「さすが、うちの隊員、動きが速い！」と迅速な対応に感心したが、もう一人の自分が上空からロングショットで自分を客観視した。この緊急事態に、俺は思わずプッとふいてしまった。手の平に乗った生温かい胸パットに、「この状況って、どうよ！」って、現実から落語的世界に意識が飛んでしまったのだ。そのおかげで、パニクらずに冷静に対応できた。

経験値を上げることで、より自分を客観視できるようになって、不測の事態に動ける自分になれる。かりほは病院で6針縫うことになったが、その日のうちにツアーに戻って、みんなに拍手で迎えられ、残りの旅を楽しむことができた。翌日のアクティビティに参加して森に突っ込むほどに！

内モンゴルで隊員が緊急手術

2回目は、2012年8月の内モンゴル。当時のブログ記事を転載する。

——7日間の旅が12日間になったのは、入院した隊員にずっと付き添っていたからだ。

隊員の一人が落馬、肋骨のヒビが原因で気胸になって、内モンゴルで緊急手術をしたのだ。オレが同行した「大人の修学旅行」で隊員が海外で手術というのは初めての体験だ。本人に代わって徹底的に保険会社と話したことで学びや気づきの多い旅だった。入院した隊員もプラス思考の女性で我慢強さや勇気を分けてもらった……。

隊員いとっちは草原で4回も落ちたにもかかわらず笑顔で乗馬していた。5回目に落ちたのがアスファルトの上だった。道路脇を歩いていたら大型トラックの心無いクラクションに驚いた馬が跳ねたのだ。それでも、隊員いとっちは、「怪我をしたことで人の優しさに気づけた良い旅だった。両親には反対されると思うけど、また来年も行きたい……帰りたい」そんなふうに語ってくれた。

病院で医師や家族や保険会社と話すときに、いつも判断基準にしていたのは「自分の娘だったら、どうするか」だった。内モンゴル3日間、北京2日間、計5日間の入院生活で本当の家族のように感じていた。それが、彼女のご両親にも伝わって嬉しかった。フェイスタイムでテレビ電話のように、ご両親やお兄さんと話せたからだ。

「常に自分の娘だったらどうするかを基準に動きますので安心してお任せください。隊員はオレにとって親友であり家族なんです」

オレは日本から北京に派遣された医師、看護師、隊員いとっちと一緒に帰国。いとっちは羽田に待機していた救急車で両親と病院へ直行……（いとっちは、その後日本の病院を退院、順調に回復した）。

今回のことで内モンゴルが、さらに好きになった。内モンゴル自治区・黄旗の街にいた間、何人ものモンゴル人が病院に見舞いにきてくれてシャイで優しいモンゴルスピリットに触れることができた。いとっちが涙ぐむ度にオレもウルっときた……。

日本に帰国してからも何度かいとっちと電話で話した。ほとんど声が出せなかった彼女がどんどん張りのある声になっている。今、そんな元気な声を聴くのが楽しみだ。元気な顔、早く見たいな……。しばらく経って、当時、経営してた「旅するカフェバー」に、元気になった、いとっちが婚約者を連れてきてくれた。

「隊長には本当にお世話になったみたいで、ありがとうございました」と、婚約者に深々とお辞儀をされた。この時、心配していた他の隊員たちとも再会できた。何があっても「旅は終わってから始まる」という概念を実践している。——

落馬で頭を打ち命の危険！

3度目は、2017年8月の内モンゴル、会社始まって以来の大事故だった。

乗馬初日、それは、突然に起こった。俺が一番最初に乗り、乗馬の方法を説明していると俺から一番離れていた「みっちゃん」の馬が草原とは逆方向に走り出した。何人かの隊員は、騎乗さえしていない……みっちゃんは海外で乗馬経験があり、乗りこなしていたので「大丈夫！」だと思った。ところが風に煽られて帽子が下がって目隠し状態になり、手綱さばきができなくなって落馬したのだ。

落ちた場所に石か岩か硬いものがあったのだと思う。他の隊員を待機させて俺だけ近寄ると頭から血まみれの「みっちゃん」が立っていた。30秒ほどの出来事で、落馬したときを誰も見ていない。

すぐにゲルのオーナーの車で近くの診療所に駆け込み応急処置をして診療所の医師の運転でシリンホトの街の病院に向かう。途中、救急車と合流して2時間以上かかって病院に到着した。すぐにCTスキャンをとると、「頭蓋骨陥没していて頭の骨が折れて内出血しているから、緊急手術をして血を抜かないと危険な状態」だと言われた。

まだ乗馬初日の午前中、馬に慣れるための時間だったから、俺は、パスポートも財布も携帯電話も日本の家族の緊急連絡先もゲルに置いて持っていない。今から、ゲルからの荷物を待っていては間に合わない。モンゴル人の携帯を借りたが、残った隊員たちとも電波が悪くてプツプツと話が途切れて会話が成り立たない。隊員に俺の荷物の中身を開けてもらって家族の緊急連絡先を知ることもできない。

「あなたが家族に代わってツアーリーダーとしてサインをしないと命は助からない」

そう言われ、サインすることを決断した。家族と連絡を取ってからと手順にこだわっていたら間に合わなかった。今でも、あのときの決断は間違っていなかったと思う。「最優先すべきは隊員の命」と判断基準を持っていたからだ。

手術は成功し、翌日、意識も戻り話せるようになったが、「あと1〜2時間遅ければ命はなかった」と医師に言われた。

事故から3日目、台湾から中国語のできる女性が到着し、翌日俺は、一晩だけ他の隊員たちに会いに行った。最終日の夜の「お別れパーティー」だった。そこで、「あなたにとって、人生で一番大切なことは何ですか？」という話題になった。即答した探検隊初参加の隊員あゆみの言葉に「なぜ、オレがモンゴルを勧めるのか」、その答えをもらえた気がした。

「心豊かに生きること。それを、この旅で感じることができました。それに、馬がパカラパカラって駆けたとき、走るというより、ペガサスのように飛んでいくような感覚を味わえて大満足。気持ち良かったぁ！」

怪我した隊員みっちゃんも「隊長、モンゴルの旅が、来年なくなるのは悲しいから続けてくださいね」。そう言ってくれたのが救いだった……。

俺が当時持っていたのはauのガラケー。なぜか電話がつながらない。auに問い合わせると「中国内の内モンゴル自治区は、通常電波の通じない地域ですが、4、5回に1回くらいは通じる可能性があります」。手術が成功した翌日、日本の家族につながった電話で、「家族の承諾も得ずに何の権限を持ってサインしたのか？」と責められた。一度不信感を持たれてしまうと、家族との関係は最後まで修復できなかった。

みっちゃんが飛行機に乗れる状態に回復するまで、1カ月付き添うことになった。2017年2月に妻が亡くなり、当時、高校生だった娘たちに1週間分の生活費しか渡してなかったし、会社は新人スタッフ一人の状況。何度も何度も電話をかけて、ようやく通じた電話で高3の長女、未空は、「私のバイト代もあるし、こっちは心配しなくて大丈夫だよ。それよりパパ、怪我をさせてしまったご家族とは上手くやれているの?」と、俺を気遣う。高1の次女、七海は、「この機会に私も料理できるようになったから、帰国したら私が作った料理の写真、パパに見せるね」。俺は電話口で泣いていた。

いつも前向きになれる呪文の言葉、「ありがとう!」「それは、ちょうどいい」「そう、きたか?」がどうしても通用しない。超ポジティブな俺が凹んだまま立ち直れなかった。ホテルの部屋で持参した友人、高橋歩から贈られた一冊の新刊、清水ハン栄治（著）『ハッピークエスト』の一節に目が留まった。山伏が修行中、一言だけ発していい言葉がある。「受け給う」という言葉だ。たとえば「バカ野郎!」と言われても、「受け給う」と言うらしい。俺はホテルの部屋で「うけたもうぉー」と叫んでみたら、なんだか、すべてを受け入れられて、自分を笑えたのだ。それから、俺にとって、「受け給う」が前向きになれる最強の言葉となった。

伝えずにはいられなかった旅への思い

中国はFacebookが規制されていてページを開くこともできない。帰国するとパンクするほどのコメントとメッセンジャーメッセージがあった。1カ月もFacebookを更新しないことはなかったからだ。そこで帰国後、すぐにメルマガ、Facebook、ブログで状況報告をした。

『旅』することで何を伝えたいのか？

こんにちは、「地球探検隊」隊長の中村です。1カ月も音信不通となり、ご迷惑をおかけして申し訳ありませんでした。

8月9日から8日間「内モンゴル騎馬遠征隊」の予定が、乗馬初日、隊員が落馬して頭に大怪我を負って、緊急手術、入院、24時間体制で付き添い、私は家族と2人、12時間交代で過ごしていました。9月7日、飛行機に乗れるまで回復した隊員と一緒に帰国しました。他の隊員たちが帰国したのが8月16日。みんなを見送ってから、怪我した隊員と一緒に帰国するまでの3週間、中国・内モンゴル自治区シリンホトの街で毎日、自問自答し気持ちが揺らいでいました。

それは、モンゴルツアーをやめるかではなく、「地球探検隊」をやるかやめるか。起業して20年、何度も考えた局面はありましたが、ここまで考えたことはありません。

「人生を変える旅！」「人生に影響を与えるインパクトのある旅」「一生忘れない旅……」

そんな想いを胸に隊員たちと一緒に旅を創ってきた20年……。

結果的に思いとは真逆のことが起きてしまいました。自分の失敗は笑い飛ばせても、間接的にせよ、他人を傷つけてしまったことでネガティブな感情が生まれては消えていきました。家族のやり場のない声が頭の中で繰り返されて、「これが、自分の娘だったら」と思うと、私もどうにもならない気持ちになって言葉を失いました。そばにいても回復を祈ることしかできない自分の無力さが身に沁みる毎日でした。

リピーターも多い人気のモンゴル、「外モンゴル」は13年間、「内モンゴル」は10年。のべ

2000人以上を送り出してきましたが、落馬で頭を怪我したのは今回が初めてです。

「旅で元気にする！」――ライフワークとなった使命感が圧倒的な現実を前に心が揺らぎましたが、来社してくれた隊員たちのおかげで、何があっても、自分らしく生きようと決心することができました。

「旅」することで何を伝えたいのか？

あれこれ悩んで行動できなくなるよりも、失敗を恐れずに行動すること。行動すれば次の現実……人生は選択の連続です。10年、20年経って後悔するのは、やらなかったこと、冒険しなかったこと。だから、「旅をしよう！　冒険をしよう！　新しい出会いを自分からつくろう！」ということです。動けば動くほど出会いはひろがります。

後悔のない人生はないと思いますが、後悔を少なくする人生なら選択できます。大切なのは周りの声に振り回されて他人の人生を生きるのではなく、自分の人生を生きることだと思っています。それには自分の責任で選び取るしかないのです。

一日一生、喜びも悲しみもいっぱいの濃い人生を！

共に、後悔しない人生を！

それを「地球探検隊」を通して、身体が動く限り、やり続けたいと思っています。「地球探検隊」の旅をきっかけに人に喜んでもらえて「人の役に立っている」「人に必要とされている」と感じることが、最も自分を奮い立たせてくれます。「旅で人を元気にする」ということは、人を笑顔にすること。人生で一番大切なことは「笑うこと」だと思っています。笑えない1ヵ月を過ごして、強く思いました。一緒に笑って、元気になる旅やイベントをつくりませんか?

すると、1年後にモンゴルの旅を希望する新規のお客さんから嬉しい電話があった。「事故のブログを読んで、かえってモンゴルに行きたくなりました。10歳の娘と親子2人で参加したいと思っているのですが、来年の夏もモンゴルの旅は計画されますか? 今から準備したいと思ってます。ずっと守りの人生でしたが、攻めていこう!って思いました」と。翌年の夏、隊員となって、えみさん、たまちゃんは親子2人で「モンゴル騎馬隊結成」の旅に参加した。

俺を支えてくれた仲間たちの声

久しぶりに反響があった「『旅』することで何を伝えたいのか？」。フェイスブック、メルマガ、それにブログ。帰国した翌日の9月8日からメッセージが止まらない。嬉しかったのは、「お帰りなさい！」とメッセージをくれた人の多くが、同じく内モンゴルで緊急手術をした隊員いとっちからのメッセージをはじめ、モンゴルの旅に参加したことのある隊員たちだったこと。いくつか紹介したい。

隊長、数年前の我が身のことを思い出して涙しました。あの時も、隊長はまるで家族のように付き添ってくれて、ベッドから一人で起き上がれない私を助けてくれたり、私の不安な気持ちを吹き飛ばしてくれました。おかげで私は身体は痛くとも毎日笑顔で過ごすことができました。お怪我をされた方も、隊長がそばにいてくれて心強かったことと思います。早く回復されることを心よりお祈りいたします。隊長もゆっくり休んでくださいね。

いとっち

隊長、私は、岡山で隊長に出逢えたこと、東京で再会できたこと、そして、モンゴルに病気の私を受け入れ、行かせてくださったこと、本当に感謝しています。チャレンジの大切さ、楽しさを教えていただきました。また、お逢いできる日を楽しみにしています。

さとちゃん

隊長、ドキドキしながら読みました。本当に大変でしたね。危険が伴う乗馬かもしれないけど、でもでも、私が参加したモンゴル乗馬キャンプツアーは最高の旅でした。ペガサスのように飛んで行くんじゃないかという感覚、よくわかります。行った人でないとわからない経験です。隊長には心から感謝しています。無理しなくていいですけど、モンゴルツアーを続けてほしいです。あの旅は地球探検隊だからできる旅だと思っています。怪我をされた隊員の完全復帰を祈ってます。

あきこ

中村隊長ご無沙汰しております。以前内モンゴルでお世話になった老生です。この度は、大変なこととなり胸中察し余るものがあります。何らかの行動にリスクはつきもの、とはいうものの当事者には、心身とも深い傷を負うものと推察します。

怪我をされた方の快復をご祈念申し上げます。私が内モンゴル旅行に参加したグループは皆さん若く、皆さんの敬老精神で無事乗馬ができました。（皆さんは20〜30歳代、私とは30年の年齢の開きがあった！）とはいえ、案内していただいた現地のハスさんにはしっかり手綱を確保され、ほとんど身動きできないで馬の上に乗っていました。アスリートを気取る私にとっては、空しい思いもありました。つまり、中村隊長は、当時から安全性には気を配っていただいたものと理解しています。

「過ちては改むるに憚ること勿れ」

今後ともユニークな旅の企画を期待しています。

いくお

そして、会社を設立した20年前の隊員マサから温かいメッセージをもらえた。それは、20年間ブレずにやり続けたことを見てくれていた証拠。

中村隊長ご無沙汰しております。メルマガ拝見しました。大変苦労されたようですね。詳細を知らないのでその件に関して私から何も申し上げることはできないのですが、私が自信を持って言えることがあります。それは中村隊長に出会っていなかったら今の自分はいなかったということです！

よくあなたのように生き生きしているサラリーマンを見たことがないと言われます！　それは、海の向こうに何があるか知っているからです！

いつも私の中にはアメリカで見た大自然、地平線に沈む夕日、満天の星空、寒かったタイムズスクエア、キャンプファイアの前で国籍を超えて語りあったことが鮮明に残っています！　そして人生が冒険であることも知っています！　そしていつでも冒険ができることも知っています！

20歳の時、それまで、とにかく勉強をしていい大学に入ることが美徳だと言い続けられてがむしゃらに勉強をしました！　そして、大学に入ったのですがとても虚しさを感じていました！　そこで中村隊長に出会い旅に出会いました！　そこからは冒険に満ちた日々が始まりました。今は40歳になりましたが人生楽しいです！　出会いに感謝します！

今回のメルマガを読んであらためて旅について考えさせられました。昔の人は命懸けで旅をしていましたよね！　もう帰って来れないかもしれないという覚悟の上で旅に出てましたよね。やはり、旅には危険がつきもの。そういう意識があるから素晴らしいものを見た時にあり得ないくらい感動するのでしょうね！　よく京都のキアヌさんが「トラベルは トラブルでも結果的に良い思い出いになる」って言ってましたよね！　危険を恐れて旅をやめてしまうと人類の成長もないですよね！だから、これからも素晴らしい旅の輪を広げてください！　いつもありがとうございます！

マサ

それに、新規事業として「未来を創る旅社（ミラタビ）」を一緒に立ち上げた「つよぽん」こと石原剛社長をはじめ、20代から80代の方まで幅広い年齢層の人からメッセージをもらえたことも嬉しかった。みんな前に進む勇気をありがとう！　いくつかのメッセージをシェアしたい。

隊長　お久しぶりです！　メルマガみて思わず心震え、メールでエール（笑）を送りたくなりました。隊長の選択は正しいし、すごい決断だと思います。ブレない強さ、勇気をもらいました。
これからも陰ながら応援しまっす！　また、事務所遊びにいきますねぇ～

つよぽん

隊長、怪我された方が無事回復されて本当に良かった。失ったものがあるように見えるかもしれません。けれど隊長が決めてやり遂げたことが多くの人をどれほど勇気づけるかわかりません。お帰りなさい。無事の御帰還、心より感謝します。これほどの感動を味あわせてくれる人生をシェアしてくださって、本当にありがとうございます。

しげちゃん

隊長、ブログ読みました。無事でよかったです。読んでて涙が出ました。他人の人生を生きるのではなく、自分の人生を生きている隊長を心の底から尊敬しています。隊長の言葉はいつも勇気をくれます。それは隊長が本気で生きているからだとブログを読んで改めて実感しました。隊長にまた逢えること、楽しみにしています。

しま

中村隊長、大変でしたね。旅を主宰すると、大小さまざまな問題に必ず出会います。中でも、けが、病気、最悪は死というようなこともあり得ます。おっしゃるように、それも自分ならまだしも、一緒に連れて行った人が、となると全く桁が違って大変です。隊長の気持ち良くわかります。それを超えて、新しく決意し、前へ進もうとしていらっしゃることに強く同意です。もちろん、今回の教訓から学ぶことはとても大事なことです。その上で、力強く前進してこそ、みなさんが隊長と行く素敵な経験を持つことができるのだと思います。同じ旅を創る仕事をしてきた人間として、一層前進する隊長に期待しています。　また一杯やりましょう！

首藤

お疲れ様です。日記見ました。凄い悩まれたと思います。正直直面していない自分があれこれ想像してもわからないですが……大きく悩むきっかけをもらえたことは有難いと思います。何よりも死者が出たわけでないことが本当に救いだったのではないかと思います。そして隊長が旅をやめないことを決断してくれたことが嬉しいです。最悪な事態の一歩手前までいった隊員にとって、旅の案内人をしていた隊長がやめてしまったらその人に対する想い、その人の想いは……となってしまうように思っていたので。

隊長が以前言っていたと思いますが、人生は何が起こるかわからない。という言葉がまさに今回に当てはまると思います。何が起こるかわからない中で悪いことが起きた時、起きた後にどういう方向に考えて進むかで意味ががらりと変わると思うんです。

隊長より生きてる人生の短い若造の未熟者ですが、これだけはお伝えしたくてメッセージを送らせていただきました。今の経験を得た上で旅を提供していくことで絶対に隊長の旅は今まで以上の深みのある旅になりますよ！　これからの旅にはそういう期待というか価値があるものになると直感ですが、すごく思います。がんばってください！　これからの旅と隊長の価値をもっと共有していただけたら嬉しいです。

アミーゴ

大変でしたね！　信を持ち続ければどんなことがあっても理解してくれる友はいます。1000人の知人より10人の仲間を大事にしたい。どうぞお体ご自愛ください！

志村

何度も目頭熱くなってPC前でウルウルした。隊員たちの一つ一つの言葉はもちろん、会ったことのない志村さんという方のフェイスブックのコメントに、もの凄いパワーをもらえた。「究極の支援」って、そばにいることだと思う。多くの人から温かいメッセージをもらって、そばにいてくれてると実感できた。凹んでいる場合じゃない。自分にOK出して、原点に立ち戻り、カッコつけないでがむしゃらに前に進んでいきたい。自分の内にターボエンジン搭載してて(笑)、レッドゾーンまで自分で自分をやる気にさせてたのが俺じゃないの? 自分を見失いそうになって、ちょっと反省。大切な人を大事にしたい。大事にするためには、強くならなきゃ。

いくぜ! 昨日の弱い自分!
いつも闘う相手は昨日の自分。
昨日の自分を超えていけ! オレ。
オマエらしさを取り戻せ!
いつも、そんなふうに考えられる自分でありたい。

我々が忘れかけていたもの

帰国後、しばらくたってから、保険会社に尋ねると「彼女は後遺症もなく元気です」と聞いてホッとした。みっちゃんとはFacebookではつながっていたので、タイムラインに「結婚しました」という投稿が出てきたとき、コメントはできなかったが、心から「おめでとう」とPCに向かってつぶやいた。

そして、もう一つ気になっていることがあった。「内モンゴル騎馬遠征隊」の旅で、乗馬初日に大きな事故があって、ずっと怪我をした隊員と病院にいたので、他の隊員たちが旅を楽しめているかが気がかりだった。参加者のほとんどが地球探検隊の旅に初参加だったからだ。帰国後、唯一のリピーター隊員Nobuの、この文章が目に留まったとき、凄く嬉しかった。コレだよ、俺がモンゴルで感じてほしいのは。

「営業に行ってきます！」と、会社を飛び出し、そのまま中国は内モンゴル自治区へ。

「何もないってなんだろう？」。普段利用している文明の利器が無いことをいうのだろうか？

周囲に商業施設や観光名所が無いことをいうのだろうか？
「草原以外何もない」そう思い込んでやって来たこの場所には、我々が忘れかけていたものや、手放してしまったものがあふれかえっていた。

無限に広がる大地
エアコンより心地よい乾いた風
人々の温かさ
枯渇した喉に流れる甘美なスイカの果汁
人懐っこい犬たち
開放感いっぱいのトイレ
井戸水を頭からかぶる爽快感
命の尊さとその命によって生かされているという実感
ドラマチックに移り変わる空
近所の公園の街灯より明るい月のまぶしさ

クリスマスのイルミネーションより壮大な星々の輝き
外で寝れる幸せ
そして何もする必要の無いゆるやかな時間

そう、
モンゴルには「草原しかない」のではない。
モンゴルには「草原がある」のだ。

「何もない」ってのは、きっと自分の感性が無くなってしまったことを言うのだろう。

Nobu

Shout 7

ドラマチックジャーニーから ドラマチックライフへ

A Dramatic Journey into a Dramatic Life.

「マネジメントの父」とも呼ばれる、経営学の第一人者ドラッカーが95歳の時に書いた詩ということで、チェーンメールのように出回ったが、どうやらドラッカーの詩ではないらしい。同じ言葉でも、誰が言うかで、受け取り方が変わってくるのは確かだ。でも、誰が書いたものであろうと激しく共感できるし、勇気と元気をもらえる詩だと思う。

もう一度人生をやり直せるなら
今度はもっと間違いをおかそう。
もっとくつろぎ、もっと肩の力を抜こう。
絶対にこんなに完璧な人間ではなく、
もっと、もっと、愚かな人間になろう。
この世には、実際、
それほど真剣に思い煩うことなど殆ど無いのだ。
もっと馬鹿になろう、もっと騒ごう、もっと不衛生に生きよう。

もっとたくさんのチャンスをつかみ、
行ったことのない場所にもっともっともっとたくさん行こう。
もっとたくさんアイスクリームを食べ、お酒を飲み、
豆はそんなに食べないでおこう。
もっと本当の厄介ごとを抱え込み、
頭の中だけで想像する厄介ごとは出来る限り減らそう。
もう一度最初から人生をやり直せるなら、
春はもっと早くから裸足になり、
秋はもっと遅くまで裸足でいよう。
もっとたくさん冒険をし、
もっとたくさんのメリーゴーランドに乗り、
もっとたくさんの夕日を見て、
もっとたくさんの子供たちと真剣に遊ぼう。
もう一度人生をやり直せるなら……

だが、見ての通り、私はもうやり直しがきかない。
私たちは人生をあまりに厳格に考えすぎていないか？
自分に規制をひき、他人の目を気にして、
起こりもしない未来を思い煩ってはクヨクヨ悩んだり、
構えたり、落ち込んだり……
もっとリラックスしよう、もっとシンプルに生きよう、
たまには馬鹿になったり、無鉄砲な事をして、
人生に潤いや活気、情熱や楽しさを取り戻そう。
人生は完璧にはいかない、だからこそ、生きがいがある。

旅は生きる力を与えてくれる

今年、コロナウィルス感染拡大のニュースに世界中が揺れた。日本でも多くの人が右往左往、一喜一憂した。マスクだけでなくトイレットペーパー、ティッシュ、キッチンペーパーまでがデマでスーパーの棚から消えた。

1970年代、2度のオイルショックがあったことを思い出した。おふくろがスーパーから帰ってきて、「トイレットペーパーが本当になくなってて焦っちゃったわよ」って。第一次オイルショックの時、俺はまだ小学6年生だったが、あのとき買占めが起きて世間が大騒ぎだったことは憶えている。でも、その反省を活かして第二次オイルショックの時の影響は軽微に済んだのだ。自給自足率を上げたり、省エネを意識したライフスタイルに切り替えて経済大国の道を進んでいった。エズラ・ヴォーゲルによる1979年の著書、『ジャパン・アズ・ナンバーワン』は世界中でベストセラーとなった。

友人の阪本啓一さん（ブランドクリエイター）は言う。

――「もどそう」とするからストレスが生まれる。そうではなく、これがいま、ぼくたちに与えられた「完璧な環境」なのであり、大事なのは、どうやって楽しみを生み出せるか。ぼくたちはいま、人類史に残る「変わり目」を見ている。

紀元前・紀元後を表すＢＣ（Before Christ 紀元前）とＡＣ（After Christ 紀元後）のように、それに匹敵するような２０２０年は新しい紀元になる。

ＢＣ（Before Corona）：経済（拝金主義）ウィルスに脳をやられてた時代。

ＡＣ（After Corona）：人間サイズで楽しさを存分に味わう時代。

日本の夜明けぜよ！――

いつの時代でも、あなたの人生にも不測の事態は起きる。そのときに必要なのは、不安になって、あれこれ心配するより、それぞれが自分の持ち場に戻って、やるべきことをやること。何があっても柔軟に対応すること。自分一人の行動が世界に影響をおよぼすと意識すること。自分のことだけを考えてパニックになって悲観するのではなく、いかに冷静に世界を見つめ、ストレスフリーになって楽しみを生み出せるかが大事だと思う。

旅には、そうした姿勢や考えを育む力がある。

旅をすると、数々の「初めて」に直面し、否が応でも答えを見つけようと、いくつもの選択肢から進むべき道を選ぶからだ。

世界中に友達がいれば争いは起こらない。自国のこと、自分のことだけを考えるのではなく、地球規模で考えられるようになる。世界中にネットワークをつくることは、今後、ますます重要になっていくと思う。

旅は社会貢献や世界平和に結びつく行動だと信じている。

旅をした経験は、活力と気力と知力を与え、逆境力、行動力、瞬発力、運動能力、免疫力、バランス力、判断力、決断力、想像力、問題解決能力、適応力、統率力、持久力、コミュニケーション能力、出会い力を高めて、何より総力である人間力を高めてくれる。

それが生きる力になる。

世界を暮らすように旅していきたい

これからは、家族で世界を暮らすように旅していきたいと思っている。

今まで、「記憶に残らないから」と、ある程度、大きくなってから子連れ旅をしようと思っていた。だから実際、娘たちと一緒に旅するまで時が経った。初めて、娘たちと海外を旅したのは、長女が中2、次女が小6の時に行ったミクロネシア連邦の無人島、ジープ島だった。

今、思う。「それは親のエゴだったのではないのか……」と。記憶に残らないからと海外に行かなかったが、今、妻の美香と言っているのは、

「記憶に残るか否かは問題じゃない。息子、颯馬の五感に残ればいい」

だから、できれば、すぐにでも世界を息子と暮らすように旅したい。

そんなふうに思わせてくれたのは、破産後、去年できた唯一の旅、沖縄・今帰仁《なきじん》の夢有民《むうみん》牧場での体験ツアーに参加した親子から学べたからだ。リピーター隊員ワッキーとその息子で高3のカイリ。ワッキーが一番息子に伝えたかったのは、「五感を研ぎ澄ませるこ

シェアしたい。

と」だったように思う。沖縄の旅に親子で参加した隊員ワッキー、息子・カイリの感想を

隊長、今回は、一つの願いを叶えてくれてありがとう。息子と隊長と時間を共有すること、そこに馬がいること、馬と一体となり風を感じること、その全てが叶いました。海馬《うみうま》という未知の領域も体験できたし、想い出も感動もいっぱいです。息子と行く旅先を夢有民牧場にして、本当に良かった。モンゴルとは違う、アスファルトでの騎乗から始まり、馬と共に横断歩道を渡り、トンネルを駆け抜け、今帰仁から片道約14㎞の名護市内までの少し過酷な道のりを事故なく無事に乗り切った達成感。市内ではアスファルトからの照り返しの暑さは半端なかったですね。

そして、海馬。裸馬に乗り、海を歩く。馬の背中にのって、馬も脚のつかない深さへ泳ぎ始める。本当に貴重な体験ばかり。息子にとって、人生のターニングポイントの一つになることを願っています。

今回が隊長の復帰戦ということもあり、すでに色々な体験をしてますね。ビーチサンダル事件（子犬がサンダルを隠してしまう現象）から始まり、初めてのチャップス装着、脚をつり、体力の衰え、

日焼け、今までと違い、ブランクがあるからこそ、体験できる沢山のことを引き続き楽しんでください。

隊長を応援する隊員は僕も含め、全国にいっぱいいます。前を向いて、これからたくさんの旅を楽しんでください。いつも応援しています。

そして、こんな素敵な体験ができる夢有民牧場、温かい夢有民牧場のみんなが大好きになりました。隊長の著書で多くの隊員が夢有民牧場のことを知り、昔以上の活気を取り戻すことを願っています。また、ここへ来ます！

ワッキー

続いて、高3の息子カイリの感想！

初の沖縄でさまざまな体験あるいは新たな出会いがありました。夢有民牧場での2泊は特に思い入れが強く、初の乗馬にも関わらずたくさん乗る機会を頂いたり、新鮮な自然の中で生活したり、しまいにはロケにまで出させて頂いたりと素晴らしい幸運や待遇にも見舞われ、大変ありがたく幸せなひと時でした。

また、夢有民さんを含めスタッフさんの動物や自然への強い思い、またなんといっても隊長の人望の厚さ、隊長が隊長と呼ばれる所以も短い期間ながらわかった気がします。他にも夢有民さんとの話だとか、夢有民さんと音華（ののか）さんのやりとり、ななえさんの中学からのストーリー、ミカさんの隊長へのツッコミ、夜空の美しさ、馬が泳いでいる驚き、普段見ることのない父のはしゃいでいる姿、おばたくんの天然……などまだまだ言葉にすれば溢れるほど沢山あるけど、そのどれもが高3の未熟な自分にとって将来を考えさせる貴重な経験になったと思います。

また、夢有民牧場がもっと沢山の人に知ってもらって、より良い空間になってほしいと思いました。同時に自分が今できることを考えた時、何もできない自分の無力感を山口に帰って痛感すると共に、大学でなにか自分の武器になるようなものを手に入れることができるよう精進したいと思いました。

最後に、隊長との旅は最高でした！　ぜひまた一緒に行きたいです！　本当にありがとうございました。

カイリ

息子、颯馬が産まれる直前、俺と妻の美香は沖縄にいた。実験的に、「暮らすように旅をした」最初のケースとなった。去年、沖縄本島やんばるの今帰仁・乙羽岳にある牧場、夢有民牧場でやってみた。牧場のオーナー夢有民さんは「破産者から、金が取れるか！」って、俺と美香の分は一切、お金は受け取らなかった。全泊無料で泊めてくれて1日3食の食事も出してくれた上、破格の紹介料を支払ってくれたのだ。

おまけに、10日前に告知して一緒に遊ぶ仲間を募ったので、参加者は他にいないと思った隊員ワッキーが「自分たち親子だけのために沖縄まで来てくれるなら」と、俺の分の東京、那覇間の往復航空券代を出してくれた。ところが、10日前に告知したにもかかわらず、隊員が次から次と入れ替わりやって来た。酒やツマミを買ってきてくれたり、沖縄の友人たちが差入れを持ってきてくれて毎晩酒盛りが続いた。那覇から今帰仁の夢有民牧場までの往復のレンタカー代も、それぞれ別の隊員が払ってくれた。俺は沖縄にいる9日間、ほぼお金を使っていない。

会社が倒産し、破産した。その1年後に隊員たちと、こんな〝暮らすような旅〟ができるなんて、夢にも思わなかった。結果的に最少催行人数なんて関係ない旅ができた。

「長期間、そこにいるから、日帰りでもいいから、遊びに来てよ」

そんな「旅」というより9日間の「イベント」だった。日本にも海外にも、「隊長来るなら、ただで泊まっていいよ」って言ってくれる友人がいっぱいいる。海外生活の長かった美香にも、世界中に友達がいる。

これからは、隊員優先で時々家族と旅する生活から、家族優先で世界中を旅して、時々隊員と遊ぶ生活にシフトしていきたい。

旅することと夢には終わりがない

「今、世の中に何か伝えたいことがありますか？」と言われたら、迷わず、こう答える。

「生き続けてよ！」

これは、今の若者や中高年にも一番伝えたいメッセージだ。どんなに打ちのめされても、どんなに絶望しても、生きてりゃーいいいことあるよ。

「この瞬間を味わうために、今までのことがあったのか？」

そう思えるくらい歓喜に震える瞬間があるから。

感動すること、歓喜すること、命を輝かせること。

命を燃やすこと。それが「生きること」。

それを感じることができるのが「旅」だ。

きっと、旅で出会った風景や人が、これからの人生に勇気と元気を与えてくれる。

なぜなら、人生は思い出でできているから。


「生きてるって楽しいなー、最高！」

そう思える日が必ずやってくるよ。今、自信を持って、そう言える。

「生きてて良かったぁ。」

おふくろ、俺を産んでくれてありがとう！


人生に旅は必要だ。

人生に旅を！　旅を人生に！

「死」を意識して、「生」にぞくぞくっとする歓喜を！

それが、ドラマチックジャーニーであり、ドラマチックライフだ。


「馬の如く強く大地を駆け、マサイ族より高く跳ぶ」

今も、そんなふうに思っている俺。

誰の人生も、可能性は無限大だ。

なぜなら、俺の心もあなたの心も海より深いし、空よりも広い。


「もう歳だから……」

なんてため息つかせない。人生１００年時代、還暦の60歳で、いや80歳で「夢」語ったっていいじゃないか。

「夢」も大事だが、「夢を語れる仲間」がいることは、もっと大切なんだと思う。人生は、いくつになっても変えられる。

人生はいつでもやり直せる。
旅することで、心は強く、優しくなれる。
心をデッカク、心身ともにタフに！　人生、笑って生きようぜ！
「Love & Free」もいいけど、人生は「Laugh & Free」だよ！

青春とは、人生の一時期だけではない。
それは心の状態だ。
長く生きただけで老いるものはいない。
人は、理想を放棄することによって老いる。
信念を持てば若くなり、疑念を持てば老いる。
自信を持てば若くなり、恐怖心を持てば老いる。
希望を持てば若くなり、絶望を持てば老いる。

マッカーサー

エピローグ　epilogue

今、何事も肯定できて、楽しんでいる心に余裕のある俺。起きたことはすべてに意味があり、良いことしか起きていないとまで思えるようになった。モノの捉え方が変わったのだ。

1年ちょっと前まで迷走し続けて、あれこれ心配事だらけで、まだ起きてもないことを考えすぎていた俺。心が病んでしまいそうになるくらい、迷惑かけた人は計り知れない。不安と焦りは誰にでもある。ゼロ=可能性があるってこと。ゼロでいいんだよ。もっと、開き直って生きようよ。誰の人生でもない。あなただけのかけがえのない人生だから。ありのままに生きようよ。

思い込みと執着って、心を狭く重くするよね。思い込みや執着を捨て、25年ぶりの引越しを機に断捨離して、「今の俺に必要か否か」を基準にモノも手放したら、心が軽くなった。仲間のおかげで、今、自分を信じ切れている。本来の自分を取り戻し、心のおもむくままに、直感に従って、得意なこと、やりたいこと、好きなことに夢中になっていたら、次々と仲間が現れ、不思議とお金も時間も自由も手に入れていた。

自分を強運の持ち主だと自負しているし、実際、運を運んできてくれる友人に恵まれていることも確かだ。何をやってきたかという実績や結果より、何を思い、どう取り組んでやってきたか、その過程を見てくれている友人のおかげだ。それは、すぐに結果の出ないことにも、自分を信じて「思い」を発信し続けたからだと思う。

今思えば、出版に至るまでの道のりは、すべての出来事が繋がっていた。この本ができたきっかけは、俺のトークライブを主催してくれた隊員サキにさかのぼる。去年、数々のトークライブ（講演）が開催される中、「どれも日程が合わないから、自分で主催してみた」って、サキ。その発想と行動力がいい。そこに10年ぶりの宮ちゃん（友人・宮杉明義）が参加、そのときに「FMヨコハマの小山薫堂さんのラジオ番組に隊長を生出演するために推薦します」と宣言。すぐに現実のものとなった。いつもは着信履歴で登録のない番号に折り返しの電話はしないのだが、九州トークライブツアーから帰宅する途中の着信履歴に、何かを感じて電話すると、FMヨコハマの番組ディレクター栗田佑介さんからだった。

「宮杉さんという方から推薦がありまして、中村さんの本を2度贈ってきました。新刊を紹介するコーナーもありますので、今週の土曜日で急なんですけど、ご出演できませんか？」

「今週!?　5日後の土曜日ですか？　はい、大丈夫です（笑）」

ADオランダちゃんと打ち合わせはしたものの、アドリブ全開でDJ小山薫堂さん、柳井麻希さんとの2人と楽しくトークが弾んだ。その放送を、たまたま車で聴いていたのが、今回の本の編集担当、同世代の佐々木勇志さんだったのだ。番組放送の数日後、横浜・元町のタリーズコーヒーで出版が決まったことを告げられた。

佐々木さんに、なぜ、俺に出版オファーをしたのか聞いてみた。「トークのリズム、光る言葉、武器になるネタが豊富にある」と言われた。だから、できるだけ俺がそばで語りかけるイメージで書いてみた。さらに、「読者ターゲットを20代の若者と50代のシニア向けに書いてほしい」と難しい注文。なぜか、その難しい注文にワクワクした。

息子が産まれてから、育児や家事に追われて、なかなか執筆が進まなかった。おまけにマンションの真下の部屋で完全リフォームが始まり、2カ月間におよぶ突貫工事で昼間は半端ない音と地響きで書くことに集中できない。おまけに出産後4カ月経って、妻の美香がパートに出ると、育児と家事が俺のワンオペになり、息子が寝静まった深夜に起きて思いを綴った。さらに、追い打ちをかけるようにコロナウィルスの世界的な感染拡大で世界封鎖状態……

「でも、この制約の中で結果を出すことに意味があるのだ」

と自分に言い聞かせながら、何とか思いをカタチにできた。

『アンネフランクの日記』の一文、

「私の望みは死んでからもなお生き延びること」

そんなことを意識しながら、執筆してきた。

すると、最初は何十冊も「旅本」をシリーズ化してベストセラーにしたいと思っていたが、思いが凝縮された魂込めた一冊の本を書いて、ロングセラーにしたいに変わった。この本に、今の俺のありったけの気持ちを出し切って最高傑作をつくり、マイベストの本にしようと思って書いた。

そんな気持ちにさせてくれた、すべての人に感謝の気持ちを込めて、

「ありがとう！」

旅を通して伝えたいこと。それは「自分を信じて、未知なるものに恐れず挑戦すること」。その探検隊スピリットこそが「生きる力」になるのだ。

俺にとって、旅することが、生きること。これからも「地球は教室、体験が教師」の、「地球探検隊」の概念を引き継ぎ、「未来の旅社（ミラタビ）」を通じて、唯一無二の旅やイベントをお客さんと一緒に創っていく。人が出会う場を提供し、人と人を繋げ、人生を変える旅を提供していく。

俺にとって、人生の最高の掛け算、最高の方程式は
「旅」×「生きる喜び」×「ありがとう！」＝希望
そんな好循環を生み出していく！
他人に期待される人生を生きるのではなく、もっと自分が心から楽しみ、時に我がままに、自分が望む人生を貫きたい。それが俺らしく生きるってことだから。

多くの旅人が読んでいる、俺も大好きな本、『アルケミスト　夢を旅した少年』から引用して、最後に、この言葉をあなたに贈る。

「前兆に従いなさい。
何かを強く望めば
宇宙のすべてが協力して
実現するように助けてくれる。」
（パウロ・コエーリョ）

この「旅本」を書き終えた今、俺が最も実感している言葉だからだ。「前兆」は、感性のアンテナを高く、いくつもないと見えてこない。心にゆとりがないと、本当の意味で旅を楽しめない。「前兆」に気づくために、心を研ぎ澄ませ、発見の「旅」をしよう！

息子、颯馬（ふうま）0歳児。
妻の美香が「Baby's memory Book」に書いた願いは、
「颯爽と風を切る馬の如く、たくましく、清らかに生きる」
この本を息子、颯馬に贈る。

白紙の地図に、自分だけの色を塗ってカラフルに生きてほしい。
毎日が　きみの　まっさらな　はじまりの日。

中村　伸一

Special Thanks

今の俺があるのは家族、そして仲間たちのおかげだ。

この場を借りて感謝する。

「みんな　ありがとう！」

表紙カバー写真
渡邊天磨（Tenma Watanabe）

写真提供
フォトグラファー竹川学（Manabu Takekawa）他、
「地球探検隊」隊員のみなさん

森沢明夫（Aikio Morisawa）
山梨滉大（Kodai Yamanashi）
江藤慎悟（Shingo Eto）
高橋元太（Genta Takahashi）
橋本昭博（Akihiro Hashimoto）
橋本真紀子（Makiko Hashimoto）
中川徹志（Tesshi Nakagawa）
鮒谷周史（Shuji Funatani）
岩瀬百代（Momoyo Iwase）
古瀬正也（Masaya Furuse）
梶尾武志（Takeshi Kajio）
高橋歩（Ayumu Takahashi）
富田裕子（Yuko Tomita）
平茉莉子（Mariko Taira）
藤田勝光（Masamitsu Fujita）
山井太成（Takashige Yamai）
菅井夏代（Kayo Sugai）
菅井琴代（Kotoyo Sugai）
馬場みゆき（Miyuki Baba）
森部真子（Mako Moribe）
篠原香里穂（Kariho Shinohara）

白澤祐子（Yuko Shirazawa）
伊藤智子（Tomoko Ito）
岩崎信成（Nobushige Iwasaki）
脇本雄樹（Yuuki Wakimoto）
脇本海理（Kairi Wakimoto）
阪本啓一（Keiichi Sakamoto）
池澤紗季（Saki Ikezawa）
宮杉明義（Akiyoshi Miyasugi）
小山薫堂（Kundo Koyama）
柳井麻希（Maki Yanai）
栗田佑介（Yusuke Kurita）
佐々木勇志（Hayashi Sasaki）
中村美香（Mika Nakamura）
中村未空（Miku Nakamura）
中村七海（Natsumi Nakamura）
中村颯馬（Fuma Nakamura）

仲間たちの声（応援メッセ）
ひめさとこ（Satoko Hime）
紀章子（Akiko Kino）
橋本育夫（Ikuo Hashimoto）
仲川振動（Masamichi Nakagawa）
石原剛（Tsuyoshi Ishihara）
石川茂子（Shigeko Ishikawa）
中島昭聡（Akitoshi Nakashima）
首藤健次（Kenji Shuto）
網屋裕貴（Hiroki Amiya）

山川咲（Saki Yamakawa）
ハリスロバート（Robert Harris）
新井駿一（Shunichi Arai）
福島正伸（Masanobu Fukushima）
石原奈津子（Natsuko Ishihara）
上村光典（Mitsunori Uemura）
香取貴信（Takanobu Katori）
池辺幸子（Sachiko Ikebe）
吉武大輔（Daisuke Yoshitake）

笠井亮吾 (Ryogo Kasai)
プロギャンブラーのぶき
山崎拓巳 (Takumi Yamazaki)
団長一里塚華劇団 (Dancho Sweetsland)
クリス岡崎
ジョーブログ
レモンさん
玉置梨絵 (Rie Tamaki)
金本麻理子 (Mariko Kanemoto)
松岡良彦 (Yoshihiko Matsuoka)
中川勇一 (Yuichi Nakagawa)
吉田宏司 (Hiroshi Yoshida)
宮地岩根 (Iwane Miyachi)
新間竹彦 (Takehiko Shinma)
小幡英司 (Eiji Obata)
島田直明 (Naoaki Shimada)
山本英利 (Hidetoshi Yamamoto)
江部正紀 (Masaki Ebe)
高萩徳宗 (Noritoshi Takahagi)
大棟耕介 (Kosuke Omune)
小林正也 (Masaya Kobayashi)
小林敦 (Atsushi Kobayashi)
高嶋達也 (Tatsuya Takashima)
岡崎太郎 (Taro Okazaki)
栢野克己 (Katsumi Kayano)
田中政敬 (Masataka Tanaka)
石田久二 (Hisatsugu Ishida)
今井孝 (Takashi Imai)
井之口豊 (Yutaka Inoguchi)
篠原洋一 (Youichi Shinohara)
松尾一也 (Kazuya Matsuo)
富永奈穂子 (Naoko Tominaga)
中村貴志 (Takashi Nakamura)
山崎愛 (Manami Yamasaki)
中山マコト (Makoto Nakayama)
三浦花子 (Hanako Miura)
松島一樹 (Kazuki Matsushima)

P.W.R 門内良彦（Yoshihiko Kadouchi）
P.W.R 定兼正俊（Masatoshi Sadakane）
P.W.R 小林純（Jun Kobayashi）
應武茉里依（Mary Otake）
徳光貴洋（Takahiro Tokumitsu）
的石紗季（Saki Matoishi）
本田恵理（Eri Honda）
秋山潔子（Kiyoko Akiyama）
佐藤めぐみ（Megumi Satoh）
原田幸茂（Yukishige Harada）
谷田圭太（Keita Tanida）
橋本勉（Tsutomu Hashimoto）
松永宏二（Koji Matsunaga）
浅井崇弘（Takahiro Aasai）
板橋公一（Kimikazu Itabashi）
水口晶（Akira Mizuguchi）
新井隆史（Takashi Arai）
川野真理子（Mariko Kawano）
西澤一浩（Kazuhiro Nishizawa）
楠本あゆ美（Ayumi Kusumoto）
立川寿大（Toshihiro Tachikawa）
天沼二三江（Fumie Amanuma）
岡村美香（Mika Okamura）
本田隆二（Ryouji Honda）
夢有民牧場の皆さん
加賀屋克美（Katsumi Kagaya）
小室由歌利（Yukari Komuro）
柳館佳世子（Kayoko Yanagidate）
鷹箸哲也（Tetsuya Takanohashi）
真嶋伸明（Nobuaki Majima）
工藤真実（Mami Kudo）
下田直人（Naoto Shimoda）
中村圭一郎（Keiichiro Nakamura）
古賀新（Arata Koga）
浦野恵美（Emi Urano）
宮武俊明（Toshiaki Miyatake）
なかにしゆき

中村伸一（なかむら・しんいち）

1961年東京都生まれ。1996年に“旅行を売らない”旅行会社を設立し、そのユニークな事業活動で「旅行業界の異端児・カリスマ」としてマスコミに数多く取り上げられる。2018年、22年間経営してきた旅行会社を手放してフリーランスに。2019年からは「地球探検隊」の中村隊長として、トークライブや執筆活動を行なっている。また、これまでの旅の経験を活かして「未来を創る旅社（ミラタビ）」をつくり、新しい旅の提供やイベント等も開催している。著書に『引っぱらないリーダーが強いチームをつくる』（現代書林）、『感動が共感に変わる』（こう書房）、『感動を売る！』（ナツメ社）、監修本に『世界の仲間と旅する本。』（木楽舎）がある。

わたしの旅ブックス

022

ようこそドラマチックジャーニーへ

2020年8月7日　第1刷発行

著者――――中村伸一

デザイン――――マツダオフィス

編集――――佐々木勇志（産業編集センター）

発行所――――株式会社産業編集センター

〒112-0011

東京都文京区千石4-39-17

TEL 03-5395-6133　FAX 03-5395-5320

http://www.shc.co.jp/book

印刷・製本――――株式会社シナノパブリッシングプレス

ISBN978-4-86311-269-8